MW01073424

Πόλις
POLIS

Λαλεῖν τῇ κοινῇ διαλέκτῳ τῇ ζώσῃ
Speaking Ancient Greek as a Living Language
Πρῶτος βαθμός, τεῦχος τοῦ διδασκάλου
Level One, Teacher's Volume

by Christophe Rico
with the collaboration of Michael A. Daise

Συνέγραψεν Χριστόφορος ῾Ρίκω
συνεργοῦντος Μιχαὴλ Δαῖζ

Polis: Speaking Ancient Greek as a Living Language
Level One, Teacher's Volume
By Christophe Rico

Copyright © Polis - The Jerusalem Institute of Languages and Humanities (Registered Association 580539591), 2015

info@polisjerusalem.org
www.polisjerusalem.org

8 HaAyin Het Street, Jerusalem

ISBN 978-965-7698-01-3

Polis Institute Press is a subsidiary of Polis - The Jerusalem Institute of Language and Humanities

Illustrations by Pau Morales
Design and Layout by Lior Ashkenazy, Lotte Design

This volume contains the following tools for teachers and self-taught students:
Grammar handbook
Exercise keys
Explanations of the differences between Attic and Koine Greek
Text translations

Table of Contents Περιεχόμενα.

Introduction

This is the second volume of *Polis – Speaking Ancient Greek as a Living Language*. It is intended in particular for those who will study on their own, without the help of a teacher. This volume contains all the tools needed for an autonomous assimilation of Koine Greek.

The volume starts with a handbook of Koine Greek grammar. This summary contains a Greek lexicon of technical terms as well as the charts of all declensions and tenses studied in the first volume.

The reader will also find the keys to the exercises of the first volume in this book.

We have included a list of the differences between classic Attic dialect and Koine Greek (limited to the material studied in the first volume). Those who wish to learn the two dialects at the same time will find useful guidelines to distinguish these two kinds of Greek.

Finally, all the English translations of the Greek dialogs and texts of the first volume can be found here.

We hope that the contents of this book will help the student to progressively achieve fluency in Koine Greek in order to read ancient texts.

Christophe Rico

Τὸ λεξικόν

1	Τὰ τοῦ λόγου μέρη	(Terms related to parts of speech)
2	τὸ ὄνομα :	[ἡ οἰκία μεγάλη ἐστίν] (Noun; word as it occurs in the dictionary)
3	τὸ ἐπίθετον :	[ἡ οἰκία μεγάλη ἐστίν] (Adjective)
4	τὸ ἄρθρον :	[ἡ οἰκία μεγάλη ἐστίν] (Article)
5	ἡ πρόθεσις :	[ὁ πατὴρ ἐν τῇ οἰκίᾳ ἐστίν] (Preposition)
6	ὁ σύνδεσμος :	[μανθάνω τὴν ἑλληνικὴν γλῶσσαν ὅτι τοὺς φιλοσόφους βούλομαι ἀναγινώσκειν] (Conjunction)
7	τὸ ἐπίφθεγμα :	[οὐαί σοι Χοραζείν, οὐαί σοι Βηθσαιδάν] (Interjection)
8	τὸ σύνθετον :	[ὁ ἱπποπόταμος ἐν τῷ ποταμῷ ἐστιν] (Compound word)
9	τὸ ῥῆμα :	[γράφω τὸ ὄνομά μου ἐν τῷ βιβλίῳ] (Verb; word as it occurs in speech)
10	τὸ ἐπίρρημα :	[ταχέως τρέχω] (Adverb)
11	ἡ ἀντωνυμία :	[ἔρχεται Παῦλος. Βλέπω αὐτόν.] (Pronoun)
12	τὸ μόριον :	[τῇ γαλλικῇ γλώσσῃ λαλῶ, τῇ δὲ ἑλληνικῇ γλώσσῃ οὔ λαλῶ.] (Particle)
13	τὸ ὑποτακτικὸν ἄρθρον :	[τῇ γλώσσῃ λαλῶ ᾗ λαλοῦσιν οἱ Γάλλοι] (Relative pronoun)
14	ἡ δεικτικὴ ἀντωνυμία :	[Οὗτός ἐστιν Νικόλαος] (Demonstrative pronoun)
15	ἡ ἀντανακλωμένη ἀντωνυμία :	[Τί λέγεις περὶ σεαυτοῦ ;] (Reflexive pronoun)
16	ἡ λέξις :	(Word as it occurs in a sentence)
17	τὸ ἐρωτηματικόν :	(Interrogative word)
18	Πτώσεις	(Terms related to cases)
19	ἡ εὐθεῖα / ἡ ὀνομαστική :	[ἡ οἰκία μεγάλη ἐστίν] (Nominative)
20	ἡ κλητική :	[Ὦ Παῦλε, γράψον τὸ ὄνομά σου, παρακαλῶ.] (Vocative)
21	ἡ αἰτιατική :	[Βλέπω τὴν οἰκίαν. Δίδωμι βιβλίον] (Accusative)
22	ἡ γενική :	[Βλέπω τὴν οἰκίαν τοῦ Παύλου. Τοῦτό ἐστιν τὸ βιβλίον τοῦ Παύλου] (Genitive)
23	ἡ δοτική :	[δίδωμι βιβλίον τῷ Παύλῳ] (Dative)
24;	ἡ ὀργανική :	[Τοῖς ὀφθαλμοῖς μου βλέπω] (Instrumental)
25	ἡ κλίσις :	[ἡ πρώτη κλίσις εὔκοπός ἐστιν] ([Verbal or nominal] inflexion)
26	τὸ ἄκλιτον ὄνομα	[σίκερα ὄνομα ἄκλιτόν ἐστιν] (Indeclinable noun)
27	Τὰ γένη	(Genders)
28	τὸ ἀρσενικόν :	[cf. ὁ ἀνήρ] (Masculine)
29	τὸ θηλυκόν :	[cf. ἡ γυνή] (Feminine)

30   τὸ οὐδέτερον : [cf. τὸ σῶμα] (Neuter)

31   Οἱ ἀριθμοί (Numbers)

32   τὸ ἑνικόν :   [cf. ὁ φιλόσοφος] (Singular)
33   τὸ πληθυντικόν: [cf. οἱ φιλόσοφοι] (Plural)

34   Αἱ ἐγκλίσεις τοῦ ῥήματος (Terms related to moods)

35   ἐκκλίνειν ῥῆμα : (To inflect a verb)
36   ἡ ἀπαρέμφατος :[γράφειν εὔκοπόν ἐστιν] (Infinitive)
37   ἡ προστακτική :[ὦ Παῦλε, γράψον τὸ ὄνομά σου, παρακαλῶ] (Imperative)
38   ἡ εὐκτική :   [γράψαι ὁ Νικόλαος τὸ ὄνομα αὐτοῦ κατὰ τὸ θέλημα
                       αὐτοῦ] (Optative)
39   ἡ ὑποτακτική : [ἵνα γράφωμεν, χρείαν ἔχομεν καλάμου] (Subjunctive)
40   ἡ ὁριστική :   [γράφομεν καλάμῳ] (Indicative)
41   ἡ μετοχή :   [οἱ μαθηταί εἰσιν ἐν τῷ διδασκαλείῳ, γράφοντες καὶ
                       ἀναγινώσκοντες] (Participle)

42   Οἱ χρόνοι (Terms related to tenses)

43   ὁ ἐνεστώς :   [νῦν γράφω] (Present)
44   ὁ παρατατικός :   [ἐν ἐκείνῃ τῇ ἡμέρᾳ ἔγραφον ὅτε ἐλήλυθας] (Imperfect)
45   ὁ μέλλων :   [αὔριον γράψω τὴν ἐπιστολήν] (Future)
46   ὁ ἀόριστος :   [ἐχθὲς ἔγραψα τὴν ἐπιστολήν] (Aorist)
47   ὁ παρακείμενος   [ὃ γέγραφα, γέγραφα, λέγει ὁ Πιλᾶτος] (Perfect)
48   ὁ ὑπερσυντελικός   [ὃ ἐγεγράφειν ἐν ἐκείνῃ τῇ ἡμέρᾳ, ἐγεγράφειν] (Pluperfect)
49   ὁ παρεληλυθώς   (Past)

50   Αἱ διαθέσεις (Voices of the verb)

51   ἐνεργητικὸν ῥῆμα :   [ἐγὼ γράφω τὴν ἐπιστολὴν αὐτοῦ] (Active verb)
                                 (ἐνέργεια)
52   παθητικὸν ῥῆμα :   [ἡ ἐπιστολὴ γράφεται ὑπ' ἐμοῦ] (Passive verb)
                                 (πάθος)
53   μέσον ῥῆμα :   [ἐγὼ ἔρχομαι] (Middle verb) (μεσότης)

54	Ἡ διάθεσις	(Verbal aspect)
55	Ἡ παρατατικὴ διάθεσις	(Durative aspect) [Apo. Dysc. I, 114]
56	Ἡ συντελικὴ διάθεσις	(Perfective aspect) [Apo. Dysc. I, 114]
57	Τὰ πρόσωπα	(Terms related to persons)
58	πρῶτον πρόσωπον (ἀφ' οὗ ὁ λόγος· οἷον· παιδεύω) (First Person)	
59	δεύτερον πρόσωπον (πρὸς ὃν ὁ λόγος· οἷον· παιδεύεις) (Second Person)	
60	τρίτον πρόσωπον (περὶ οὗ ὁ λόγος· οἷον· παιδεύει) (Third Person)	
61	τὸ ἀπρόσωπον ῥῆμα : [Συμφέρει ὑμῖν ὀλίγον ἐσθίειν] (Impersonal verb)	
62	Ἡ σύνταξις (Terms related to syntax)	
63*	τὸ ὑποκείμενον :	[τὸ ὄνομά μου Χριστόφορός ἐστιν] (Subject; clause)
64	τὸ ἐπιγεγενημένον :	[τὸ ὄνομά μου Χριστόφορός ἐστιν] (Predicate)
65	ὁ ἐνεργούμενος :	[βλέπω τὴν τράπεζαν] (Object)
66*	τὸ συμπλήρωμα (Complement)	
67	ὁ κανών (Grammatical rule)	
68	ἡ ἀπόλυτος γενική :	['Ἔτι αὐτοῦ λαλοῦντος, ἦλθεν ὁ Πέτρος]
		(Absolute genitive)
69	ἡ φράσις: (Sentence, phrase, idiom)	
70	ἡ κεφαλαία πρότασις : (Main clause)	
71	ἡ ὑποτεταγμένη πρότασις : (Subordinate clause)	
72	ἡ ἀπαρέμφατος πρότασις: [Αὐτὸν δεῖ αὐξάνειν] (Infinitive clause)	
73	ὁ λόγος : (Utterance)	
74	ἡ πρᾶξις : (Verbal action)	
75	ἡ περίστασις : (Adverbial complement)	
76	ἡ σχέσις : (Function)	
77	ἡ φύσις : (Nature)	
78	Ἡ τάσις (Accentuation and breathing)	
79	ὁ τόνος (Accent)	
80	τόνος ὀξύς (Acute) : cf. λόγος	
81	τόνος βαρύς (Grave) : cf. καλὸς	
82	τόνος περισπώμενος (Circumflex) : cf. καλῶς	
83	τὸ πνεῦμα (Breathing)	
84	τὸ πνεῦμα τὸ δασύ (Rough breathing) (cf. ἡμέρα)	
85	τὸ πνεῦμα τὸ ψιλόν (Smooth breathing) (cf. ἐγγύς)	
86	τὸ ἐγκλιτικὸν μέρος (cf. : τις → ἔρχεταί τις) (Enclitic)	
87	ὄνομα τονώμενον (Accented word)	

88 ῾Η διάστιξις (Terms related to punctuation)

89 ἡ στιγμή (cf. ῎Ερχεται ἄνθρωπος.) (Point)

90 ἡ τελεία στιγμή (Period)

91 ἡ μέση στιγμή (cf. Λέγει ὁ Φίλιππος · Πῶς ἔχεις ;)
(Middle point in Greek, standing for a colon or semicolon)

92 ἡ ὑποστιγμή
(cf. ῎Ερχεται ἄνθρωπος, ἀπεσταλμένος παρὰ τοῦ ἡγεμόνος, καὶ
λαμβάνει τὸ ἀργύριον.) (Comma)

93 ἡ ὑπερτελεία στιγμή (cf. Λέγει ὁ Φίλιππος · Πῶς ἔχεις ;)
(Semicolon in Greek, standing for a question mark)

94 στίζειν (To punctuate)

95 ῾Η περὶ τῶν φωνῶν τέχνη (Terms related to phonetics)

96 ἡ προφορά, ἡ ἐκφώνησις (Pronunciation)

97 τὸ φωνῆεν / τὰ φωνήεντα (cf. : α, ε, η, ι, ο, ω, υ) (Vowel)

98 τὸ σύμφωνον (cf. : β, γ, δ, ζ, θ, κ, λ...) (Consonant)

99 ἡ συναίρεσις (cf. : φιλέω > φιλῶ) (Contraction)

100 τὰ ῥήματα τὰ συνῃρημένα (cf. : τιμῶ, φιλῶ, δηλῶ) (Contract verbs)

101 ἡ διαίρεσις (cf. : φιλέω) (Diaeresis)

102 ὁ δίφθογγος (cf. οι, αι, ει, αυ, ευ, ου, ῃ, ῳ...) (Diphthong)

103 τὸ συγγραφόμενον ἰῶτα (cf. ῃ, ῳ, ᾳ) (Subscript iota)

104 ἡ συλλαβή (cf. Βου-κέ-φα-λος) (Syllable)

105 ῾Η μορφὴ τῶν ὀνομάτων (Morphology)

106 ἡ ῥίζα (cf. *γεν- : γίγνομαι, ἐγένετο, γένεσις, γενική...) (Root)

107 τὸ θέμα (cf. : γίγνομαι → -γν- ; ἐγένετο, γένεσις, γενική → -γεν- ...)
(Form)

108 τὸ παράγωγον (cf. : οἶκος → οἰκῶ ; ὁδός → ὁδεύω ...) (Cognate)

109* τὸ πρόρρημα (cf. : κατεσθίω → κατ-) (Verbal prefix)

110* ῾Η τέχνη ἡ σημαντική (Semantics)

111 ῾Η ἔννοια (Word meaning, signified)

112 ῾Η διάνοια (Sentence meaning)

113 Τὸ συνώνυμον (Synonym)

Αἱ τῶν ὀνομάτων κλίσεις

The declensions

Ἡ πρώτη κλίσις

First declension

Τὰ ὀνόματα ἐν τῇ πρώτῃ κλίσει πολλάκις θηλυκά ἐστιν.

First declension nouns are often feminine

Ἐνικόν Singular									
	Θηλυκοί Feminine							**Ἀρσενικοί** Masculine	
	ᾱ		η		ᾰ + η			ᾱ / η	
Εὐθεῖα	ἡ	ἡμέρᾱ	ἡ	κεφαλή	ἡ	γλῶσσα	ὁ		μαθητής
Κλητική		ἡμέρᾱ		κεφαλή		γλῶσσα			μαθητά
Αἰτιατική	τὴν	ἡμέρᾱν	τὴν	κεφαλήν	τὴν	γλῶσσαν	τὸν		μαθητήν
Γενική	τῆς	ἡμέρᾱς	τῆς	κεφαλῆς	τῆς	γλώσσης	τοῦ		μαθητοῦ
Δοτική	τῇ	ἡμέρᾳ	τῇ	κεφαλῇ	τῇ	γλώσσῃ	τῷ		μαθητῇ
Πληθυντικόν Plural									
Εὐθεῖα	αἱ	ἡμέραι	αἱ	κεφαλαί	αἱ	γλῶσσαι	οἱ		μαθηταί
Κλητική		ἡμέραι		κεφαλαί		γλῶσσαι			μαθηταί
Αἰτιατική	τὰς	ἡμέρᾱς	τὰς	κεφαλᾱς	τὰς	γλώσσᾱς	τοὺς		μαθητάς
Γενική	τῶν	ἡμερῶν	τῶν	κεφαλῶν	τῶν	γλωσσῶν	τῶν		μαθητῶν
Δοτική	ταῖς	ἡμέραις	ταῖς	κεφαλαῖς	ταῖς	γλώσσαις	τοῖς		μαθηταῖς

Ἡ πρώτη κλίσις

Ἐν τῇ ἑλληνικῇ γλώσσῃ, ὑπάρχει καὶ τὸ α μακρὸν (ᾱ) καὶ τὸ α μικρόν (ᾰ).
Τὸ μικρὸν α πάντοτε μένει τὸ αὐτὸ φωνῆεν · α. Οὐ μεταμορφοῦται. Οὐκ ἔστιν
μεταμόρφωσις τοῦ α εἰς ἄλλο φωνῆεν.

Παράδειγμα ·   γλωσσα

Οὐ μεταμορφοῦται τὸ α μακρὸν μετὰ ταῦτα τὰ δύο γράμματα · τὸ φωνῆεν ι καὶ
τὸ σύμφωνον ρ.

Παραδείγματα ·   ἡμέρᾱ, σοφίᾱ

Ἄτακτον δὲ ἐστιν τὸ ὄνομα μάχαιρα, μαχαίρ-ης

Μετὰ δὲ τὰ λοιπὰ γράμματα (β, γ, δ...), τὸ α μακρὸν γίνεται η. Μεταμορφοῦται
οὖν εἰς η μετὰ τὰ λοιπὰ γράμματα.

Παράδειγμα ·   ἡ κεφαλή (κεφαλ- + ᾱ > κεφαλ-ή)
                    τῆς γλώσσης (γλώσσ- + ᾱς > γλώσσ-ης)

Ἐν τῇ πρώτῃ κλίσει, δύο τύποι εἰσίν.

Τύπος Α' ·
Ἐν τῷ τύπῳ Α' λήγει ἡ λέξις εἰς -ᾱ (ἢ -η) κατὰ πᾶσαν τὴν κλίσιν

Παραδείγματα ·   ἡ ἡμέρᾱ, τὴν ἡμέρᾱν, τῆς ἡμέρᾱς, τῇ ἡμέρᾳ
                      ὁ νεανίᾱς, τὸν νεανίᾱν, τοῦ νεανίου, τῷ νεανίᾳ
                      ἡ κεφαλή, τὴν κεφαλήν, τῆς κεφαλῆς, τῇ κεφαλῇ
                      ὁ μαθητής, τὸν μαθητήν, τοῦ μαθητοῦ, τῷ μαθητῇ

Τύπος Β' ·
Ὁ τύπος Β' ἔχει -α ἐπὶ τῆς εὐθείας καὶ ἐπὶ τῆς κλητικῆς καὶ ἐπὶ τῆς αἰτιατικῆς.
Ἔχει δὲ -ᾱ / -η ἐπὶ τῆς γενικῆς καὶ ἐπὶ τῆς δοτικῆς.

Παράδειγμα ·   ἡ γλῶσσα, τῆς γλώσσης

First declension

In Greek there are two different [a] vowels: long alpha (ᾱ) and short alpha (ᾰ), though these quantities are not marked in the texts. The short alpha (ᾰ) keeps the [a] timbre in every context.
Example: γλῶσσᾰ
As for the original long alpha (ᾱ), typically it does not change after rho or iota and after any other letter it becomes eta. An exception is μάχαιρᾰ (nominative), in which the final alpha becomes eta in the singular genitive (μαχαίρ-ης) and dative (μαχαίρ-ῃ), even after rho.

Examples: ἡμέρᾱ, σοφίᾱ
                   ἡ κεφαλή (κεφαλ- + ᾱ > κεφαλ-ή)
                   τῆς γλώσσης (γλῶσσ- + ᾱς > γλῶσσ-ης)

There are two different types in the first declension

Type one: The form ends with ᾱ or η throughout the declension.
Examples: ἡ ἡμέρᾱ, τὴν ἡμέρᾱν, τῆς ἡμέρᾱς, τῇ ἡμέρᾳ
                   ὁ νεανίᾱς, τὸν νεανίᾱν, τοῦ νεανίου, τῷ νεανίᾳ
                   ἡ κεφαλή, τὴν κεφαλήν, τῆς κεφαλῆς, τῇ κεφαλῇ
                   ὁ μαθητής, τὸν μαθητήν, τοῦ μαθητοῦ, τῷ μαθητῇ

Type two: The form ends with ᾰ in singular nominative, vocative and accusative, and with η in singular genitive and dative.

Examples: ἡ γλῶσσᾰ, τῆς γλώσσης

Ἡ δευτέρα κλίσις

Second declension

Ἐνικόν						
	Ἀρσενικοί		Θηλυκοί		Οὐδέτεροι	
Εὐθεῖα	ὁ	ἵππος	ἡ	ὁδός	τὸ	δῶρον
Κλητική		ἵππε		ὁδέ		δῶρον
Αἰτιατική	τὸν	ἵππον	τὴν	ὁδόν	τὸ	δῶρον
Γενική	τοῦ	ἵππου	τῆς	ὁδοῦ	τοῦ	δώρου
Δοτική	τῷ	ἵππῳ	τῇ	ὁδῷ	τῷ	δώρῳ
Πληθυντικόν						
Εὐθεῖα	οἱ	ἵπποι	αἱ	ὁδοί	τὰ	δῶρα
Κλητική		ἵπποι		ὁδοί		δῶρα
Αἰτιατική	τοὺς	ἵππους	τὰς	ὁδούς	τὰ	δῶρα
Γενική	τῶν	ἵππων	τῶν	ὁδῶν	τῶν	δώρων
Δοτική	τοῖς	ἵπποις	ταῖς	ὁδοῖς	τοῖς	δώροις

Ἡ δευτέρα κλίσις

Ἐν τῇ δευτέρᾳ κλίσει, τρεῖς τύποι ὑπάρχουσιν
In the second declension there are three types

Τύπος Α' · ἀρσενικοί. First case: masculine nouns

Παράδειγμα ·   ὁ ἵππος, τοῦ ἵππου
                 ὁ καλὸς ἵππος, τοῦ καλοῦ ἵππου
                 ὁ δύσκολος ἵππος, τοῦ δυσκόλου ἵππου
                 ὁ σκληρὸς ἵππος, τοῦ σκληροῦ ἵππου

Τύπος Β' · θηλυκοί. Second case: feminine nouns

Παράδειγμα ·   ἡ ὁδός, τῆς ὁδοῦ
                 ἡ καλὴ ὁδός, τῆς καλῆς ὁδοῦ
                 ἡ δύσκολος ὁδός, τῆς δυσκόλου ὁδοῦ
                 ἡ σκληρὰ ὁδός, τῆς σκληρᾶς ὁδοῦ

Τύπος Γ' · οὐδέτεροι. Third case: neuter nouns

Παράδειγμα ·   τὸ δῶρον, τοῦ δώρου
                 τὸ καλὸν δῶρον, τοῦ καλοῦ δώρου
                 τὸ φρόνιμον δῶρον, τοῦ φρονίμου δώρου
                 τὸ σκληρὸν δῶρον, τοῦ σκληροῦ δώρου

Τὰ ἐπίθετα

Adjectives

Τὸ ἐπίθετον, τύπος Α´		
Ἑνικόν		
	Ἀρσενικά	Θηλυκά	Οὐδέτερα
Εὐθεῖα	ἵππος καλός	οἰκία καλή	δῶρον καλόν
Κλητική	ἵππε καλέ / καλὸς ἵππος	οἰκία καλή	δῶρον καλόν
Αἰτιατική	ἵππον καλόν	οἰκίαν καλήν	δῶρον καλόν
Γενική	ἵππου καλοῦ	οἰκίας καλῆς	δώρου καλοῦ
Δοτική	ἵππῳ καλῷ	οἰκίᾳ καλῇ	δώρῳ καλῷ

Πληθυντικόν		
	Ἀρσενικά	Θηλυκά	Οὐδέτερα
Εὐθεῖα	ἵπποι καλοί	οἰκίαι καλαί	δῶρα καλά
Κλητική	ἵπποι καλοί	οἰκίαι καλαί	δῶρα καλά
Αἰτιατική	ἵππους καλούς	οἰκίας καλάς	δῶρα καλά
Γενική	ἵππων καλῶν	οἰκιῶν καλῶν	δώρων καλῶν
Δοτική	ἵπποις καλοῖς	οἰκίαις καλαῖς	δώροις καλοῖς

Τὸ ἐπίθετον, τύπος Β´

ʿΕνικόν			
Εὐθεῖα	ἵππος δύσκολος	γλῶσσα δύσκολος	ζῷον δύσκολον
Κλητική	ἵππε δύσκολε / ἵππος δύσκολος	γλῶσσα δύσκολε / γλῶσσα δύσκολος	ζῷον δύσκολον
Αἰτιατική	ἵππον δύσκολον	γλῶσσαν δύσκολον	ζῷον δύσκολον
Γενική	ἵππου δυσκόλου	γλώσσης δυσκόλου	ζῴου δυσκόλου
Δοτική	ἵππῳ δυσκόλῳ	γλώσσῃ δυσκόλῳ	ζῴῳ δυσκόλῳ

Πληθυντικόν			
Εὐθεῖα	ἵπποι δύσκολοι	γλῶσσαι δύσκολοι	ζῷα δύσκολα
Κλητική	ἵπποι δύσκολοι	γλῶσσαι δύσκολοι	ζῷα δύσκολα
Αἰτιατική	ἵππους δυσκόλους	γλῶσσας δυσκόλους	ζῷα δύσκολα
Γενική	ἵππων δυσκόλων	γλωσσῶν δυσκόλων	ζῴων δυσκόλων
Δοτική	ἵπποις δυσκόλοις	γλώσσαις δυσκόλοις	ζῴοις δυσκόλοις

Τὰ ἐπίθετα πολὺς καὶ μέγας

Ἑνικόν			
Εὐθεῖα	κόπος πολύς	ὁδὸς πολλή	ἔργον πολύ
Αἰτιατική	κόπον πολύν	ὁδὸν πολλήν	ἔργον πολύ
Γενική	κόπου πολλοῦ	ὁδοῦ πολλῆς	ἔργου πολλοῦ
Δοτική	κόπῳ πολλῷ	ὁδῷ πολλῇ	ἔργῳ πολλῷ
Πληθυντικόν			
Εὐθεῖα	κόποι πολλοί	ὁδοὶ πολλαί	ἔργα πολλά
Αἰτιατική	κόπους πολλούς	ὁδοὺς πολλάς	ἔργα πολλά
Γενική	κόπων πολλῶν	ὁδῶν πολλῶν	ἔργων πολλῶν
Δοτική	κόποις πολλοῖς	ὁδοῖς πολλαῖς	ἔργοις πολλοῖς

Ἑνικόν			
Εὐθεῖα	ἵππος μέγας	οἰκία μεγάλη	δῶρον μέγα
Κλητική	ἵππε μέγας / μεγάλε	οἰκία μεγάλη	δῶρον μέγα
Αἰτιατική	ἵππον μέγαν	οἰκίαν μεγάλην	δῶρον μέγα
Γενική	ἵππου μεγάλου	οἰκίας μεγάλης	δώρου μεγάλου
Δοτική	ἵππῳ μεγάλῳ	οἰκίᾳ μεγάλῃ	δώρῳ μεγάλῳ
Πληθυντικόν			
Εὐθεῖα	ἵπποι μεγάλοι	οἰκίαι μεγάλαι	δῶρα μεγάλα
Κλητική	ἵπποι μεγάλοι	οἰκίαι μεγάλαι	δῶρα μεγάλα
Αἰτιατική	ἵππους μεγάλους	οἰκίας μεγάλας	δῶρα μεγάλα
Γενική	ἵππων μεγάλων	οἰκιῶν μεγάλων	δώρων μεγάλων
Δοτική	ἵπποις μεγάλοις	οἰκίαις μεγάλαις	δώροις μεγάλοις

Ὁ ἐνεστὼς χρόνος

The present tense

Α΄ Ὁριστική   *Indicative*

τὸ ἐνεργητικόν Active		τὸ μέσον καὶ τὸ παθητικόν Middle and passive	
ἀπαρέμφατος			
ἀνοίγειν	φιλεῖν	ἀνοίγεσθαι	φιλεῖσθαι
ὁριστική			
ἀνοίγω	φιλῶ	ἀνοίγομαι	φιλοῦμαι
ἀνοίγεις	φιλεῖς	ἀνοίγῃ	φιλῇ
ἀνοίγει	φιλεῖ	ἀνοίγεται	φιλεῖται
ἀνοίγομεν	φιλοῦμεν	ἀνοιγόμεθα	φιλούμεθα
ἀνοίγετε	φιλεῖτε	ἀνοίγεσθε	φιλεῖσθε
ἀνοίγουσι	φιλοῦσι	ἀνοίγονται	φιλοῦνται
τὸ ἐνεργητικόν Active			
ἀπαρέμφατος			
διδόναι	ἀφιέναι	τιθέναι	ἱστάναι
ὁριστική			
δίδωμι	ἀφίημι	τίθημι	ἵστημι
δίδως	ἀφίης	τίθης	ἵστης
δίδωσι	ἀφίησι	τίθησι	ἵστησι
δίδομεν	ἀφίεμεν	τίθεμεν	ἵσταμεν
δίδοτε	ἀφίετε	τίθετε	ἵστατε
διδόασι	ἀφίουσι	τιθέασι	ἱστᾶσι
ἀπαρέμφατος			
εἶναι	καταγνύ-ναι	δεικνύ-ναι	
ὁριστική			
εἰμί	κατάγνυμι	δείκνυμι	
εἶ	κατάγνυς	δείκνυς	
ἔστι(ν)	κατάγνυσι	δείκνυσι	
ἐσμέν	κατάγνυμεν	δείκνυμεν	
ἐστέ	κατάγνυτε	δείκνυτε	
εἰσί(ν)	καταγνύασι	δεικνύασι	

Β´ Προστακτική Imperative

τὸ ἐνεργητικόν Active		τὸ μέσον καὶ τὸ παθητικόν Middle and passive	
ἀπαρέμφατος			
ἀνοίγειν	φιλεῖν	ἀνοίγεσθαι	φιλεῖσθαι
προστακτική			
ἄνοιγε ἀνοιγέτω	φίλει φιλείτω	ἀνοίγου ἀνοιγέσθω	φιλοῦ φιλείτω
ἀνοίγετε ἀνοιγέτωσαν	φιλεῖτε φιλείτωσαν	ἀνοίγεσθε ἀνοιγέσθωσαν	φιλεῖσθε φιλείσθωσαν
τὸ ἐνεργητικόν			
ἀπαρέμφατος			
διδόναι	ἀφιέναι	τιθέναι	ἱστάναι
προστακτική			
δίδου διδότω	ἀφίει ἀφιέτω	τίθει τιθέτω	ἵστη ἱστάτω
δίδοτε διδότωσαν	ἀφίετε ἀφιέτωσαν	τίθετε τιθέτωσαν	ἵστατε ἱστάτωσαν
ἀπαρέμφατος			
εἶναι	καταγνύ-ναι	δεικνύ-ναι	
προστακτική			
ἴσθι ἔστω / ἤτω	κατάγνυ καταγνύ-τω	δείκνυ δεικνύ-τω	
ἴστε ἔστωσαν / ἤτωσαν	κατάγνυ-τε καταγνύ-τωσαν	δείκνυ-τε δεικνύ-τωσαν	

Ὁ ἀόριστος χρόνος
The aorist tense

Προστακτικὴ καὶ ἀπαρέμφατος Imperative and infinitive
Ἀόριστος σιγματικός Sigmatic aorist

Ῥήματα εἰς -ω, -εις Verbs in -ω, -εις Τὸ θέμα λήγει εἰς φωνῆεν -ι ἢ -υ Form ending in vowel -ι or -υ		Ῥήματα εἰς -ῶ, -εῖς Verbs in -ῶ, -εῖς	
ἀκού-ω, -εις, -ειν > ἀκου- κλεί-ω, -εις, -ειν > κλει-		φιλ-ῶ, -εῖς, -εῖν > φιλη- μισῶ, -εῖς, -εῖν > μιση-	
Προστακτική	ἄκου-σον (σύ)	φίλη-σον	Προστακτική
	ἀκου-σάτω (αὐτός)	φιλη-σάτω	
	ἀκού-σατε (ὑμεῖς)	φιλή-σατε	
	ἀκου-σάτωσαν (αὐτοί)	φιλη-σάτωσαν	
Ἀπαρέμφατος	ἀκοῦ-σαι	φιλῆ-σαι	Ἀπαρέμφατος

Πάντα τὰ ῥήματα All verbs Τὸ θέμα λήγει εἰς -κ, -γ, -χ, -ζ ἢ -σσ Form ending in -κ, -γ, -χ, -ζ or -σσ			
ἀνοίγ-ω, -εις, -ειν > ἀνοιξ- κράζ-ω, -εις, -ειν > κραξ-		δείκ-νυ-μι, -ς, -ναι > δειξ- κατάγ-νυ-μι, -ς, -ναι > καταξ-	
Προστακτική	ἄνοιξον	δεῖξον	Προστακτική
	ἀνοιξάτω	δειξάτω	
	ἀνοίξατε	δείξατε	
	ἀνοιξάτωσαν	δειξάτωσαν	
Ἀπαρέμφατος	ἀνοῖξαι	δεῖξαι	Ἀπαρέμφατος
Τὸ θέμα λήγει εἰς Form ending in -τ, -δ, -θ, -ζ		Τὸ θέμα λήγει εἰς Form ending in -π, -β, -φ, -πτ	
ἀγοράζ-ω, -εις, -ειν > ἀγορασ- καθίζ-ω, -εις, -ειν > καθισ-		γράφ-ω, -εις, -ειν > γραψ- ἐπιστρέφ-ω, -εις, -ειν > ἐπιστρεψ-	
Προστακτική	ἀγόρασον	γράψον	Προστακτική
	ἀγορασάτω	γραψάτω	
	ἀγοράσατε	γράψατε	
	ἀγορασάτωσαν	γραψάτωσαν	
Ἀπαρέμφατος	ἀγοράσαι	γράψαι	Ἀπαρέμφατος

Ἀόριστος θεματικός
Thematic aorist

Ῥήματα εἰς -ω Verbs in -ω			
λαμβάν-ω, -εις, -ειν > λαβ-		φέρ-ω, -εις, -ειν > ἐνεγκ-	
Προστακτική	λάβε λαβέτω λάβετε λαβέτωσαν	ἔνεγκε ἐνεγκέτω ἐνέγκετε ἐνεγκέτωσαν	Προστακτική
Ἀπαρέμφατος	λαβεῖν	ἐνεγκεῖν	Ἀπαρέμφατος
Ῥήματα εἰς -μι Verbs in -μι			
δίδω-μι, -ς, -σι > δο-		τίθη-μι, -ς, -σι > θε-	
Προστακτική	δός δότω δότε δότωσαν	θές θέτω θέτε θέτωσαν	Προστακτική
Ἀπαρέμφατος	δοῦναι	θεῖναι	Ἀπαρέμφατος
ἀφίη-μι, -ς, -σι > ἀφε-		ἵστη-μι, -ς, -σι > στη-	
Προστακτική	ἄφες ἀφέτω ἄφετε ἀφέτωσαν	στῆθι στήτω στῆτε στήτωσαν	Προστακτική
Ἀπαρέμφατος	ἀφεῖναι	στῆναι	Ἀπαρέμφατος

Ἡ ἐρωτηματικὴ ἀντωνυμία
The interrogative pronoun

Ἑνικόν			
	Ἀρσενικόν	Θηλυκόν	Οὐδέτερον
Εὐθεῖα	Τίς	Τίς	Τί
Αἰτιατική	Τίνα	Τίνα	Τί
Γενική	Τίνος	Τίνος	Τίνος
Δοτική	Τίνι	Τίνι	Τίνι
Πληθυντικόν			
Εὐθεῖα	Τίνες	Τίνες	Τίνα
Αἰτιατική	Τίνας	Τίνας	Τίνα
Γενική	Τίνων	Τίνων	Τίνων
Δοτική	Τίσι	Τίσι	Τίσι

Keys to the exercises

Διόρθωσις τῶν μελετημάτων

Chapter 3

Exercise Α΄

1. Τίνες ἐστὲ ὑμεῖς ; Ἡμεῖς ἐσμεν οἱ γονεῖς τοῦ Ἀλεξάνδρου. 2. Τίνες ἐστὲ ὑμεῖς ; Ἡμεῖς ἐσμεν Φίλιππος καὶ Νικάνωρ. 3. Ἆρα φίλοι ἐσμὲν ἡμεῖς ; Ναί, ὑμεῖς φίλοι ἐστὲ σφόδρα. 4. Ἆρα ὑμεῖς ἐστε οἱ γονεῖς τοῦ Φιλίππου ; Ναί, ἡμεῖς ἐσμεν οἱ γονεῖς τοῦ Φιλίππου. 5. Ἆρα φρόνιμοί ἐσμεν ἡμεῖς ; Ναί, ὑμεῖς φρόνιμοί ἐστε.

Exercise Β΄

1. Ἡμεῖς ἐσμεν οἱ γονεῖς τοῦ Νικολάου. Τίνες εἰσὶν 'οἱ γονεῖς τοῦ Νικολάου' ; → Ἡμεῖς. Τὸ ὑποκείμενόν ἐστιν 'ἡμεῖς'. 2. Ἐγὼ Χριστόφορός εἰμι. Τίς ἐστιν 'Χριστόφορος' ; → Ἐγώ. Τὸ ὑποκείμενόν ἐστιν 'ἐγώ'. 3. Ὑμεῖς ἐστε Τίμων καὶ Μάρθα. Τίνες εἰσὶν 'Τίμων καὶ Μάρθα' ; → Ὑμεῖς. Τὸ ὑποκείμενόν ἐστιν 'ὑμεῖς'. 4. Ὁ Ἀλέξανδρος φρόνιμός ἐστιν. Τίς ἐστιν 'φρόνιμος' ; → Ὁ Ἀλέξανδρος. Τὸ ὑποκείμενόν ἐστιν 'ὁ Ἀλέξανδρος'. 5. Νικόλαος καὶ Ἀλέξανδρος φίλοι εἰσίν. Τίνες εἰσὶν 'φίλοι' ; → Νικόλαος καὶ Ἀλέξανδρος. Τὸ ὑποκείμενόν ἐστιν 'Νικόλαος καὶ Ἀλέξανδρος'.

Exercise Γ΄

1. Ἡμεῖς ἐσμεν οἱ γονεῖς τοῦ Νικολάου. → Τὸ ἐπιγεγενημένον ἐστὶν 'οἱ γονεῖς τοῦ Νικολάου'. 2. Ἐγὼ Χριστόφορός εἰμι. → Τὸ ἐπιγεγενημένον ἐστὶν 'Χριστόφορος'. 3. Ὑμεῖς ἐστε Τίμων καὶ Μάρθα. → Τὸ ἐπιγεγενημένον ἐστὶν 'Τίμων καὶ Μάρθα'. 4. Ὁ Ἀλέξανδρος φρόνιμός ἐστιν. → Τὸ ἐπιγεγενημένον ἐστὶν 'φρόνιμος'. 5. Νικόλαος καὶ Ἀλέξανδρος φίλοι εἰσίν. → Τὸ ἐπιγεγενημένον ἐστὶν 'φίλοι'.

Exercise Δ ´

♟ ᾿Αρσενικόν	♀ Θηλυκόν	♟♟ Οὐδέτερον
ὁ ἀριθμός	ἡ μαθήτρια	τὸ ὄνομα
ὁ μαθητής	ἡ εἰρήνη	τὸ ἑνικόν
ὁ λόγος	ἡ γλῶσσα	τὸ ψῦχος
ὁ διδάσκαλος	ἡ ὁδός	τὸ ἐθνικόν

Exercise E ´

1. *Χριστόφορος διδάσκαλός ἐστιν.* 2. *Οὔ, Νικάνωρ διδάσκαλος οὐκ ἔστιν.* 3. *Τίμων καὶ Μάρθα γονεῖς εἰσίν τοῦ Νικολάου.* 4. *᾿Εγώ εἰμι ....* 5. *Οὔ, ἡμεῖς ἀστρόνομοι οὐκ ἐσμεν.* 6. *Οὔ, ἡμεῖς φιλόσοφοι οὐκ ἐσμεν.* 7. *Ναί, ἡ ἑλληνικὴ γλῶσσα καλή ἐστιν.*

Exercise ς ´

1. *Τί εἶ σύ; ᾿Εγὼ ἀστρονόμος εἰμί. Πόθεν εἶ σύ; ᾿Εγὼ Μαυρούσιος Τιγγίτης εἰμί.* 2. *Τί εἶ σύ; ᾿Εγὼ μαθήτριά εἰμι. Πόθεν εἶ σύ; ᾿Εγὼ Σπανία εἰμί.* 3. *Τί ἐστε ὑμεῖς; ᾿Εγὼ διδάσκαλός εἰμι καὶ Μαριαμ μαγείρισσά ἐστιν. Πόθεν ἐστε ὑμεῖς; ᾿Εγὼ Λυσιτανός εἰμι καὶ Μαριαμ Σύρα ἐστίν.* 4. *Τί εἶ σύ; ᾿Εγὼ μάγειρός εἰμι. Πόθεν εἶ σύ; ᾿Εγὼ Φοῖνιξ εἰμί.* 5. *Τί εἶ σύ; ᾿Εγὼ διδάσκαλός εἰμι. Πόθεν εἶ σύ; ᾿Εγὼ Γερμανός εἰμι.* 6. *Τί ἐστε ὑμεῖς; ᾿Εγὼ φιλόσοφός εἰμι καὶ Στέφανος μετεωρολόγος ἐστίν. Πόθεν ἐστὲ ὑμεῖς; ᾿Εγὼ ᾿Ελβηττία εἰμί καὶ Στέφανος ᾿Ιταλός ἐστιν.*

Exercise Z ´

᾿Ονόματα		᾿Επίθετα	῾Ρήματα		᾿Επιρρήματα
διδάσκαλος	γλῶσσα	δύσκολος	εἰμί	ἐκτείνατε	σφόδρα
τέχνη (2x)	Νικόλαος (2x)	καλή	ἐστίν (4x)		πολύ
γονεῖς	᾿Αλέξανδρος	ἑλληνική	ἐσμέν		
Νικολάου	χεῖρας	φίλοι	σίγα		
μαγείρισσα	δακτύλους	καλή	εἰσίν		
Τίμων (2x)	φιλοσοφία		μανθάνει		
κάπηλος			κάθετε		

Exercise H ´

Χαῖρε Χριστόφορε, ἐγὼ μαθητής εἰμι καὶ σὺ διδάσκαλος εἶ.

Διδάσκαλος·	Χαίρετε μαθηταί, τίνες ἐστὲ ὑμεῖς;
Τίμων καὶ Μάρθα·	Ἡμεῖς μαθηταὶ οὐκ ἐσμέν, ἡμεῖς δὲ γονεῖς τοῦ Τίτου ἐσμέν.
Διδάσκαλος·	Πόθεν ἐστὲ ὑμεῖς;
Τίμων καὶ Μάρθα·	Ἡμεῖς ἀπὸ τῆς Γαλλίας ἐσμέν. Ἆρα Τίτος πολὺ μανθάνει;
Διδάσκαλος·	Ναί, αὐτὸς πολὺ μανθάνει, φρόνιμος δέ ἐστιν.
Τίμων καὶ Μάρθα·	Ἔρρωσο, διδάσκαλε.

Questions

1. Λέγει ὁ Ἰωάννης τοῖς ἱερεῦσι· Ἐγὼ οὐκ εἰμὶ ὁ Χριστός. 2. Ἐρωτῶσιν οἱ ἱερεῖς· Σὺ τίς εἶ; 3. Οὐκ ἔστιν Ἐλίας Ἰωάννης. 4. Οὐκ ἔστιν ὁ Προφήτης Ἰωάννης. 5. Φωνὴ ἐν ἐρήμῳ ἐστὶν Ἰωάννης.

Chapter 4

Exercise A ´

Προστακτική	Ὁριστική
Κροῦσον	Κρούει
Δεῖξον	μανθάνει
ζήτησον	λέγει
εἴπετε	εἰμι
κάθισον	Κράζει
κράξον	
Ἐνέγκετε	
Ἄφες	
ὑπόστρεψον	

Exercise B ´

1. Ὁ κεντυρίων· *Στρατιῶται, πρὸς τὸν τοῖχον ὑποστρέψατε.* 2. Ὁ διδάσκαλος· *Μαθηταί, περιπατήσατε μέχρι τοῦ τοίχου.* 3. Χριστόφορος· *Νικόλαε, ἄκουσόν μου.* 4. Λουκᾶς· *Φίλιππε, κάθισον δή.* 5. Μάρθα· *Τίμων, κράξον δή.*

Exercise Γ ´

1. Μὴ κράξον τὸ ὄνομά σου. 2. Μὴ ἐκτείνατε τοὺς δακτύλους, Φίλιππε καὶ Ἀλέξανδρε. 3. Τί; Τί; Πάλιν εἰπέ, παρακαλῶ. Οὐκ ἀκούω σου. 4. Μὴ περιπάτησον πρὸς τὸ δένδρον.

Exercise Δ ´

1. Ἄκουσον τὸ ὄνομα. 2. Ἔκτεινον τοὺς δακτύλους. 3. Περιπατήσατε μέχρι τοῦ τοίχου. 4. Ὑπόστρεψον πρὸς τὸ δένδρον. 5. Εἴσελθε καὶ κάθισον. 6. Ἄνοιξον τὴν θύραν καὶ λάλησον πρὸς Ἀλέξανδρον.

Exercise Ε ´

1. Ἀνάστηθι καὶ ἔξελθε. 2. Ἀνάστηθι καὶ δράμε μέχρι τοῦ τοίχου. 3. Βερνίκη· Ποῦ ἐστιν ὁ διδάσκαλος; Φίλιππος· Ἴδε τὸν διδάσκαλον. 4. Εἴσελθε καὶ κάθισον. 5. Ἐλθὲ ὧδε καὶ εἰπὲ τὸ ὄνομά μου. 6. Τίς εἶ σύ; Εἰπέ μοι τίς εἶ σύ.

Exercise ς ´

1. Σίγα καὶ ἀνάγνωθι τὸ βιβλίον. 2. Ἀνάστηθι καὶ περιπάτει. 3. Ἀνάβητε ἐπὶ τὴν καθέδραν. 4. Ἄφες τὸ τηλέφωνον καὶ ἀνάστηθι. 5. Δός μοι τὸ τηλέφωνον. 6. Θὲς τὸ βιβλίον ἐπὶ τὴν τράπεζαν, Ἀλέξανδρε.

Exercise Ζ ´

Φίλιππος · Δός μοι βιβλίον, Νικόλαε.	Νικόλαος · Οὐ δύναμαι δοῦναί σοι βιβλίον. Βιβλίον μοι οὐκ ἔστιν.
Νικόλαος · Ἀλέξανδρε, εἰπὲ 'ἕν, δύο, τρία'.	Ἀλέξανδρος · Οὐ λέγω 'ἕν, δύο, τρία'. Οὐ βούλομαι.
Νικάνωρ · Δράμε ταχέως, Βερνίκη, μέχρι τοῦ τοίχου.	Βερνίκη · Κατάκοπός εἰμι, Νικάνωρ. Οὐ δύναμαι δραμεῖν μέχρι τοῦ τοίχου.
Χριστόφορος · Σίγα, Νικάνωρ. Ἄκουσόν μου.	Νικάνωρ · Οὐ βούλομαι ἀκοῦσαί σου, διδάσκαλε.
Μήτηρ · Ἄνοιξον τὴν θύραν, Φίλιππε.	Φίλιππος · Οὐ βούλομαι ἀνοῖξαι τὴν θύραν. Κατάκοπός εἰμι.
Δάκτυλοί μοι οὐκ εἴσιν.	Οὐ δύναμαι γράψαι τὸ ὄνομά μου.

Exercise Η ´

1. Διδάσκαλος· Κλεῖσον τὸ γυμνάσιον. Φίλιππος· Οὐ βούλομαι κλεῖσαι τὸ γυμνάσιον. 2. Σίγα. Οὐ βούλομαι ἀκοῦσαι τὸ ὄνομα 'κατάκοπος'. 3. Βούλομαι κράξαι· ΦΡΟΝΙΜΟΣ ΕΙΜΙ. 4. Δύναμαι ὑποστρέψαι εἰς τὴν καθέδραν μου; 5. Κάθες τὰς χεῖρας, παρακαλῶ. Οὐ δύναμαι βλέψαι εἰς τὸν διδάσκαλον. 6. Οὐ βούλομαι ζητῆσαι τὸ τηλέφωνον ἐν τῷ γυμνασίῳ.

Exercise Θ ´

1. Οὐ δύναμαι ἰδεῖν τὸ βιβλίον. Ποῦ ἐστιν; 2. Δύναμαι ἐλθεῖν καὶ ἐγὼ πρὸς τὸ γυμνάσιον; 3. Κατάκοπός εἰμι καὶ οὐ δύναμαι δραμεῖν μέχρι τοῦ γυμνασίου. 4. Χαῖρε. Ἐγώ εἰμι Νικάνωρ. Δύναμαι εἰσελθεῖν; 5. Δύναμαι εἰπεῖν τὸ ὄνομα, διδάσκαλε;

Exercise Ι ´

1. Οὐ βούλομαι ἀνοῖξαι τὸ βιβλίον. Οὐ δύναμαι ἀναγνῶναι βιβλίον ἑλληνιστί. 2. Οὐ δύναμαι στραφῆναι εἰς τὰ δεξιά. 3. Βούλομαί σοι βιβλίον δοῦναι. 4. Οὐ βούλομαι ἀφεῖναι τὸ τηλέφωνον ἐπὶ τὴν τράπεζαν.

Chapter 5

Exercise Α ´

1. Εἰπέ 'δύο', Θωμᾶ. Τὸ συμπλήρωμα τοῦ ῥήματός ἐστιν· 'δύο'. 2. Πίε ὕδωρ, Νικόλαε. Τὸ συμπλήρωμα τοῦ ῥήματός ἐστιν· ὕδωρ. 3. Γράψον τὸ γράμμα, Βερνίκη. Τὸ συμπλήρωμα τοῦ ῥήματός ἐστιν· τὸ γράμμα. 4. Κράξον τὸ ὄνομα, Ἀλέξανδρε. Τὸ συμπλήρωμα τοῦ ῥήματός ἐστιν· τὸ ὄνομα.

Exercise Β ´

1. Κλεῖσον *τὴν θύραν*. 2. Ἴδετε *τὴν ὥραν*. 3. Γράψον *τὸ θηλυκόν*. 4. Ζήτησον *τὸν διδάσκαλον*. 5. Ἀνάγνωθι *τὸ βιβλίον*. 6. Ἴδε *τὸν ἀριθμόν*.

Exercise Γ ´

1. -Βλέπεις τὴν θύραν;	-Ναί, βλέπω αὐτήν.	-Δεῖξόν μοι αὐτήν, παρακαλῶ.
2. -Βλέπεις τὸν διδάσκαλον;	-Ναί, βλέπω αὐτόν.	-Δεῖξόν μοι αὐτόν, παρακαλῶ.
3. -Βλέπεις τὸ βιβλίον;	-Ναί, βλέπω αὐτό.	-Δεῖξόν μοι αὐτό, παρακαλῶ.
4. -Βλέπεις τὸ γράμμα 'Α';	-Ναί, βλέπω αὐτό.	-Δεῖξόν μοι αὐτό, παρακαλῶ.
5. -Βλέπεις τὸν μαθητήν;	-Ναί, βλέπω αὐτόν.	-Δεῖξόν μοι αὐτόν, παρακαλῶ.

Exercise Δ ´

Ἔρχεται ὁ Νικάνωρ καὶ αὐτὸς ἀνοίγει τὴν θύραν. 2. Εἰσέρχεται ἡ Βερνίκη καὶ αὐτὴ βλέπει τὴν τράπεζαν. 3. Οὗτός ἐστιν Νικόλαος καὶ αὐτὸς μανθάνει τὴν ἑλληνικὴν γλῶσσαν. 4. Τοῦτο τὸ δένδρον πρὸς τὴν οἰκίαν ἐστὶν καὶ αὐτὸ καλόν ἐστιν. 5. Οὐκ ἀκούει ἡ Ῥόδη καὶ αὐτὴ πάντοτε λαλεῖ.

Exercise Ε ´

1. Ἀλέξανδρος ·	Χαῖρε, Ῥόδη. Ἆρα σὺ βλέπεις με ;
Ῥόδη ·	Ναί, ἐγὼ βλέπω σε.
2. Ῥόδη καὶ Νικάνωρ ·	Βερνίκη, ἐλθὲ πρὸς *ἡμᾶς*.

Βερνίκη ·   Ἐγὼ ἔρχομαι πρὸς ὑμᾶς.
3. Νικόλαος ·   Βερνίκη καὶ Φίλιππε, χαίρετε. Ἐγὼ βλέπω ὑμᾶς.
    Βερνίκη καὶ Φίλιππος ·   Καὶ ἡμεῖς βλέπομέν σε.
4. Χριστόφορος ·   Νικάνωρ, ἐλθὲ πρός με.
    Νικάνωρ ·   Ναί, διδάσκαλε. Ἐγὼ ἔρχομαι πρός σε.
5. Νικόλαος ·   Παῦλε, σὺ ὧδε εἶ. Βλέπω σε.
6. Βερνίκη ·   Παῦλε καὶ Φίλιππε, ὑμεῖς ὧδέ ἐστε. Βλέπω ὑμᾶς.
    Παῦλος καὶ Φίλιππος ·   Ἡμεῖς ὧδέ ἐσμεν. Ἆρα σὺ βλέπεις ἡμᾶς ;

Exercise ϛ´
1. Ἆρα σὺ φιλεῖς ἡμᾶς;   Ναί, ἐγὼ φιλῶ ὑμᾶς.
2. Ἆρα ἡμεῖς μισοῦμέν σε;   Ναί, ὑμεῖς μισεῖτέ με.
3. Ἆρα σὺ βλέπεις ἡμᾶς;   Ναί, ἐγὼ βλέπω ὑμᾶς.
4. Ἆρα ἡμεῖς ἐρωτῶμέν σε;   Ναί, ὑμεῖς ἐρωτᾶτέ με.
5. Ἆρα ἐγὼ ζητῶ ὑμᾶς;   Ναί, σὺ ζητεῖς ἡμᾶς.
6. Ἆρα ὑμεῖς ζητεῖτέ με;   Ναί, ἡμεῖς ζητοῦμέν σε.
7. Ἆρα ἐγὼ ἐρωτῶ ὑμᾶς;   Ναί, σὺ ἐρωτᾷς ἡμᾶς.
8. Ἆρα ὑμεῖς μισεῖτέ με;   Ναί, ἡμεῖς μισοῦμέν σε.

Exercise Ζ´
1. *Ἡμεῖς μαθηταί ἐσμεν.* 2. *Ἡμεῖς μανθάνομεν τὴν ἑλληνικὴν γλῶσσαν.*
3. *Ἡ ἑλληνικὴ γλῶσσα εὔκοπός ἐστιν.* 4. *Ἡμεῖς ὧδέ ἐσμεν.* 5. *Ὑμεῖς ὧδέ ἐστε.*
6. *Δύσκολος τὸ ἐναντίον ἐστὶν ἢ εὔκοπος.*

Chapter 6
Exercise Α´

Ὁριστική	Προστακτικὴ ἀόριστος	Προστακτικὴ ἐνεστώς
μανθάνει	κροῦσον	κροῦε
ἐρωτῶσιν	δεῖξον	δείκνυ
	ζήτησον	ζήτει
	ἄφες	
	ὑπόστρεψον	

Exercise Β´

Ὁριστική	Προστακτικὴ ἀόριστος	Προστακτικὴ ἐνεστώς
εἰμι	εἴπετε	λέγετε
μανθάνει	ἐνέγκετε	φέρετε
λέγει		

Exercise Γ ΄

1. Σίγα καὶ ἄκουε. 2. Πολλάκις κράζε · ΚΑ-ΤΑ-ΚΟ-ΠΟΣ ΕΙ-ΜΙ. 3. Πάλιν καὶ πάλιν γράφετε ἐν τῷ βιβλίῳ. 4.Ἀνάστητε καὶ τρέχετε ἐν τῷ γυμνασίῳ. 5. Φίλιππε καὶ Βερνίκη, προσδοκᾶτέ μοι ὧδε. 6. Δείκνυ μοι τραπέζας, Φίλιππε.

Exercise Δ ΄

1. Γράψον τὸ ὄνομα ἐπὶ τὸ βιβλίον. 2. Τρέχετε ἐν τῷ γυμνασίῳ. 3. Περιπάτει ἐν τῇ σχολῇ. 4. Κολύμβα πολὺ ἐν τῇ κολυμβήθρᾳ. 5. Δράμε μέχρι τοῦ πίνακος. 6. Κλεῖσον τὴν θύραν. 7. Κολύμβησον μέχρι τοῦ τοίχου. 8. Λάβετε τὰ βιβλία καὶ φέρετε αὐτά. 9. Ἄφες τὸ τηλέφωνον καὶ τρέχε. 10. Κράξατε· ʽφρόνιμοί ἐσμεν΄. 11. Σιγᾶτε καὶ ἀκούετε. 12. Ἀνάστηθι, Φίλιππε, καὶ βλέπε εἰς ἐμέ. 13.Ἔκτεινον τοὺς δακτύλους, Νικόλαε.

Exercise Ε ΄

1. Παῦλε καὶ Φίλιππε, ἀνοίξατε τὴν θυρίδα. 2. Παῦλε καὶ Φίλιππε, κλείσατε τὴν θυρίδα. 3. Πέτρε καὶ Φίλιππε, ἀνάγνωτε τὸ βιβλίον. 4. Παῦλε καὶ Φίλιππε, ἔλθετε ὧδε. 5. Βερνίκη καὶ ῾Ρόδη, ἀνάβητε ἐκ τῆς κολυμβήθρας. 6. ῾Ρόδη καὶ Νικόλαε, θέτε τὸ βιβλίον ἐπὶ τὴν τράπεζαν. 7. Μάρθα καὶ Τίμων, δότε μοι τὸ τηλέφωνον. 8. Ἀλέξανδρε καὶ Φίλιππε, κάθετε τὰς χεῖρας. 9. Στράφητε εἰς τὸ γυμνάσιον, Παῦλε καὶ Φίλιππε. 10. Νικόλαε καὶ Νικάνωρ, στῆτε. 11. Νικόλαε καὶ Νικάνωρ, περιπατεῖτε.

Exercise ϛ ΄

1. Τρέχε ἐν τῷ γυμνασίῳ καὶ κολύμβα ἐν τῇ κολυμβήθρᾳ. 2. Σίγα καὶ δεῖξόν μοι τὸ βιβλίον. 3. Ποῦ ἐστιν ὁ διδάσκαλος; Πάλιν καὶ πάλιν δείκνυ μοι τὸν διδάσκαλον. 4. Χριστόφορος· Κολυμβήσατε μέχρι τοῦ τοίχου, Φίλιππε καὶ Ἀλέξανδρε. 5. Χριστόφορος· Δράμε μέχρι τῆς θύρας, Ἀλέξανδρε. 6. Κράξον· Φί-λιπ-πος. 7. Πάλιν εἰπέ· "τρέχετε πάντες". 8. Ποῦ ἐστιν τὸ βιβλίον; Ζητεῖτε τὸ βιβλίον.

Exercise Ζ ΄

1. Οὐ δύναμαι σιγᾶν. Λαλῶ καὶ λαλῶ καὶ λαλῶ. 2. Κατάκοπός εἰμι· οὐ βούλομαι κολυμβᾶν ἐν τῇ κολυμβήθρᾳ. 3. Ποῦ ἐστιν τὰ δίοπτρά μου; Βλέπειν οὐ δύναμαι. 4. Ποῦ ἐστιν τὰ δίοπτρά μου; Οὐ δύναμαι ζητεῖν τὸ τηλέφωνον. 5. Κατάκοπός εἰμι· οὐ βούλομαι φέρειν τὴν πήραν. 6. Οὐ βούλομαι ἀκούειν μουσικήν.

Exercise Η΄

1. Ἐν τῇ κολυμβήθρᾳ βούλομαι κολυμβᾶν. Δύναμαι κολυμβῆσαι μέχρι τοῦ τοίχου καὶ ὑποστρέψαι. 2. Οὐ βούλομαι περιπατεῖν· βούλομαι καθίσαι ἐπὶ τὴν καθέδραν. 3. Δύναμαι περιπατῆσαι μέχρι τοῦ τοίχου.

Exercise Θ΄

Ἄρθρα	Ὀνόματα	Ῥήματα	Ἀντωνυμίαι
τήν	κολυμβήθραν	δεῖξον	μοι
τό	Νικόλαος	παρακαλῶ	μοι
τό	βιβλίον	βούλομαι	μου
ὁ	διδάσκαλε	κολυμβᾶν	ἐγώ
τό	διδάσκαλος	δός	μου
τό	βιβλίον	ἆρον	σοι
τῷ	Νικόλαε	ἀκούσατε	
τά	διδάσκαλος	εἰμι	
	ὄνομα	γράψον	
	βιβλίον	μανθάνει	
	Πέτρε	δύναμαι	
	Νικόλαος	ζητῆσαι	
	ἀναγαίῳ	δύναμαι	
	δίοπτρα	βλέπειν	
	δῶρον	ἐστιν	
		δύναμαι	
		δοῦναι	

Chapter 7

Exercise Α΄

1. Καλῶς, δίδωμί σοι τὸν κάλαμον. 2. Καλῶς, δίδωμι ὑμῖν τὸ βιβλίον. 3. Καλῶς, δίδωμί σοι τὴν πήραν. 4. Καλῶς, δίδωμι ὑμῖν τὸν ἵππον.

Exercise Β΄

1. Χριστόφορος διδάσκαλός ἐστιν. 2. Οὔ, Νικάνωρ οὐκ ἔστιν διδάσκαλος. 3. Νικάνωρ μαθητής ἐστιν. 4. Ἡμεῖς μαθηταί ἐσμεν. 5. Ναί, ἡμεῖς ἐν τῇ σχολῇ ἐσμεν. 6. Νικάνωρ ἀπὸ τῆς Σπανίας ἐστίν. 7. Ναί, ἡ ἑλληνικὴ γλῶσσα εὔκοπός ἐστιν. 8. Ὑμεῖς, οἱ δύο ἐκεῖ λαλοῦντες, τί ὄνομα ὑμῖν ἐστιν; 9. Λέγει ὁ Νικάνωρ· ἡ ἑλληνικὴ γλῶσσα ἡμῖν δύσκολός ἐστιν. 10. Λέγει ὁ Χριστόφορος· ἡ ἑλληνικὴ γλῶσσα ὑμῖν δύσκολος οὐκ ἔστιν.

Exercise Γ΄

Τί ὄνομά σοί ἐστιν;

Ἀλέξανδρος·	Χαίρετε. Ἐγὼ μαθητής εἰμι. Καὶ ὑμεῖς, τί ὄνομα ὑμῖν ἐστιν;
Νικάνωρ·	Τί ὄνομα ἡμῖν ἐστιν; Ἐγὼ Νικάνωρ. Ὄνομά μοι Νικάνωρ.
Φίλιππος·	Καὶ ἐγὼ Φίλιππος. Ὄνομα ἡμῖν Νικάνωρ καὶ Φίλιππος. Καὶ σύ, τί ὄνομά σοί ἐστιν;
Ἀλέξανδρος·	Ὄνομά μοι Ἀλέξανδρος. Μαθηταί ἐστε ὑμεῖς;
Νικάνωρ·	Ναί, ἡμεῖς μαθηταί ἐσμεν. Ἡμεῖς μανθάνομεν ἐν σχολῇ.

Ἔρχονται Βερνίκη καὶ Ῥόδη.

Νικάνωρ·	Καὶ αὗται Βερνίκη καὶ Ῥόδη εἰσίν.
Βερνίκη καὶ Ῥόδη·	Χαίρετε.
Ἀλέξανδρος·	Χαίρετε.
Νικάνωρ·	Βερνίκη καὶ Ῥόδη μαθήτριαί εἰσιν.
Ῥόδη·	Ἀλλὰ ἡ ἑλληνικὴ γλῶσσα δύσκολός ἐστιν.
Ἀλέξανδρος·	Ναί, δύσκολος.
Νικάνωρ καὶ Φίλιππος·	Δύσκολος, δύσκολος.
Βερνίκη·	Οὐχί. Ἡ ἑλληνικὴ γλῶσσα δύσκολος οὐκ ἔστιν. Ὑμεῖς οὐ μανθάνετε πολύ. Ὑμεῖς φρόνιμοι οὐκ ἐστέ. Ἐγὼ δὲ πολὺ μανθάνω.
Νικάνωρ·	Σίγα. Σὺ ὑπερήφανος μαθήτρια εἶ, καὶ ἡμεῖς φρόνιμοί ἐσμεν καὶ ἡ ἑλληνικὴ γλῶσσα δύσκολός ἐστιν.

Exercise Δ΄

1. Ἐγὼ μαθητής / μαθήτριά εἰμι. 2. Ὄνομά μοί ἐστιν .... (write here your name in Greek). 3. Ἐγὼ Σπάνιός εἰμι. 4. Ἡμεῖς μαθηταί ἐσμεν.

Exercise Ε´
1. Τί ὄνομά σοί ἐστιν ; 2. Τί ὄνομά μοί ἐστιν ; 3. Πόθεν εἶ σύ ;

Exercise ς´
1. Ἐγὼ καὶ Φίλιππος μαθηταί ἐσμεν. Ἡμεῖς μαθηταί ἐσμεν. 2. Ἐγὼ καὶ ὑμεῖς Γάλλοι ἐσμέν. Ἡμεῖς Γάλλοι ἐσμέν. 3. Φίλιππε, σὺ καὶ Παῦλος μαθηταί ἐστε. Ὑμεῖς μαθηταί ἐστε. 4. - Τίς εἶ σύ ; - Ἐγώ εἰμι Χριστόφορος. Χριστόφορος ὄνομά μοί ἐστιν. 5. - Πόθεν εἶ σύ ; - Ἐγὼ Ἰσραηλίτης εἰμί. 6. Μαρία καὶ Ῥόδη ἐν σχολῇ εἰσιν. 7. - Τί ἐστε ὑμεῖς, Παῦλε καὶ Φίλιππε ; - Ἡμεῖς μαθηταί ἐσμεν.

Chapter 8
Questions
1. Οὐκ ἔστιν διδάσκαλος ὁ Νικόλαος. Νικόλαος μαθητής ἐστιν. 2. Λέγει Χριστόφορος τῷ Νικολάῳ· ἐλθὲ πρὸς τὸν πίνακα. 3. Ναί, ψυχός ἐστιν. 4. Ὧδέ ἐστιν τὸ δίδαγμα τῆς ἑλληνικῆς γλώσσης. 5. Οὐκ ἔρχεται πρωὶ ὁ Φίλιππος. 6. Ναί, πάντοτε ὀψὲ ἔρχεται ὁ Φίλιππος.

Exercise Α´

1.	Φίλιππος ·	Ἐγώ εἰμι Φίλιππος.
	Ἀνδρέας ·	Τί λέγεις ; Τίς εἶ ;
2.	Φοίβη καὶ Λουκᾶς ·	Ἡμεῖς ἐσμεν Φοίβη καὶ Λουκᾶς.
	Τίμων ·	Τί λέγετε ; Τίνες ἐστέ ;
3.	Νικόλαος ·	Βλέπω καπηλεῖον.
	Ἀλέξανδρον ·	Τί λέγεις ; Τί βλέπεις ;
4.	Φίλιππος ·	Βλέπω Ῥόδην.
	Βερνίκη ·	Τί λέγεις ; Τίνα βλέπεις ;
5.	Ῥόδη ·	Τοῦτό ἐστιν τὸ βιβλίον τοῦ Παύλου.
	Μάρθα ·	Τί λέγεις ; Τίνος ἐστὶν τὸ βιβλίον;
6.	Βερνίκη ·	Ἀκολουθῶ τῷ διδασκάλῳ.
	Φοίβη ·	Τί λέγεις ; Τίνι ἀκολουθεῖς ;

Exercise Β´
1. Δός μοι τὴν τράπεζάν σου. 2. Δός μοι τὴν ὑδρίαν μου. 3. Δότε μοι τὸ βιβλίον ὑμῶν. 4. Δότε ἡμῖν τὸ ποτήριον ἡμῶν. 5. Δότε μοι τὸν οἶνον ὑμῶν. 6. Δότε μοι τὸ ἱμάτιόν σου. 7. Δότε ἡμῖν τὸ ἀργύριον ἡμῶν.

Exercise Γ´

1. ᾿Αλέξανδρος· Δός μοι τὴν καθέδραν σου. 2. Φίλιππος· Δότε μοι τὸν πίνακα ὑμῶν. 3. Νικόλαος καὶ Νικάνωρ· Δότε ἡμῖν τὸ πινακίδιον ἡμῶν. 4. Τίμων καὶ Μάρθα· Δότε ἡμῖν τὸν κάλαμον ἡμῶν. 5. Νικόλαος· Δότε μοι τὸν οἶνόν μου. 6. ῾Ρόδη· Δός μοι τὸν ἀμφορέα μου. 7. ᾿Αλέξανδρος· Δότε ἡμῖν τὸ ἀργύριον ὑμῶν.

Exercise Δ´

1. Εὐχαριστῶ αὐτῷ. 2 Δίδωμι αὐτῇ βιβλίον. 3. Βλέπω τὴν εἰκόνα αὐτοῦ. 4. ῟Ωδέ ἐστιν τὸ δίδαγμα αὐτῆς. 5. ᾿Ανάγνωθι τὸ βιβλίον αὐτοῦ. 6. ῎Ονομα αὐτῷ ἐστιν Βουκέφαλος.

Chapter 9

Exercise Α´

Οὗτός ἐστιν ἀριθμός.	῾Ο ἀριθμός	Τοῦτό ἐστιν σύμφωνον.	Τὸ σύμφωνον
Αὕτη ἐστὶν γραμμή.	῾Η γραμμή	Οὗτός ἐστιν μαθητής.	῾Ο μαθητής
Αὕτη ἐστὶν μαθήτρια.	῾Η μαθήτρια	Οὗτός ἐστιν κάπηλος.	῾Ο κάπηλος
Τοῦτό ἐστιν ζῶον.	Τὸ ζῶον	Αὕτη ἐστὶν μαγείρισσα.	῾Η μαγείρισσα
Αὕτη ἐστὶν τάξις.	῾Η τάξις		

Exercise Β´

1. *Χριστόφορος διδάσκαλός ἐστιν.* 2. *Μάρθα μήτηρ ἐστὶν τοῦ Νικολάου.* 3. *Οὐκ ἔστιν ἵππος ἡ Βερνίκη.* 4. *Βερνίκη μαθήτριά ἐστιν.* 5. *Οὐκ ἔστιν ἄνθρωπος ὁ Βουκέφαλος.* 6. *Βουκέφαλος ἵππος ἐστίν.* 7. *῾Ο Νέστωρ δοῦλός ἐστιν.* 8. *᾿Αλέξανδρος μαθητής ἐστιν.* 9. *῾Η ῾Ρόδη μαθήτριά ἐστιν.*

Exercise Γ´

1. Αἱ γλῶσσαι καλαί εἰσιν. 2. Οἱ διδάσκαλοι φρόνιμοί εἰσιν. 3. Αἱ μαθήτριαι Γάλλαι εἰσίν. 4. Καλὰ τὰ τηλέφωνα. 5. Οἱ ἀριθμοὶ δύσκολοί εἰσιν. 6. Οἱ μαθηταὶ ἀπὸ Σπανίας εἰσίν.

1. ῾Η σχολὴ γαλλικὴ ἐστιν. 2. ῾Ο Βρεττανὸς φρόνιμός ἐστιν. 3. Καλὸν τὸ βιβλίον. 4. ῾Η γλῶσσα καλή ἐστιν. 5. ῾Ο Γάλλος δύσκολός ἐστιν.

Exercise Δ΄

1. Οὐ καταγελᾷ τοῦ Νικάνορος ὁ Φίλιππος. 2. Οὐ φιλεῖ τὸν ἵππον ὁ Νέστωρ. 3. Οὐκ ἔστιν πλούσιος ὁ Νικόλαος. 4. Οὐκ ἀκούει ὁ Νικάνωρ. 5. Τὴν τάξιν οὐ φιλεῖ ὁ Βουκέφαλος. 6. Οὐκ ὀργίζεται πολὺ ἡ Ῥόδη. 7. Οὐ μεριμνᾷ πολὺ ὁ Φίλιππος. 8. Οὐ μεθύσκεται ἡ Βερνίκη. 9. Οὐ πλανᾶται ἡ Μάρθα. 10. Οὐ μεριμνᾷ ὁ Νικόλαος περὶ τοῦ διδάγματος.

Exercise Ε΄

1. Ὁ Βουκέφαλος τοῦ Ἀλεξάνδρου ἵππος ἐστίν. 2. Ὁ μαθητὴς τοῦ διδασκάλου ἀκούει. 3. Ἡ Βερνίκη τοῦ Χριστοφόρου ἐστὶν μαθήτρια. 4. Μεριμνῶ περὶ τοῦ βιβλίου. 5. Περὶ τοῦ Νικολάου μεριμνᾷ ἡ Μάρθα. 6. Οὐκ ἀκούει ἡ γυνὴ τοῦ δούλου. 7. Οὗτος ὁ κάλαμος τοῦ καπήλου ἐστίν.

Exercise ς΄

1. Πολὺ μεριμνᾷ ἡ Ῥόδη περὶ τῆς κόμης. 2. Αὕτη ἐστὶν ἡ καθέδρα τῆς μαθητρίας. 3. Ἀκούω τῆς Βερνίκης. 4. Τοῦτό ἐστιν τὸ περιβόλαιον τῆς Ῥόδης. 5. Οὐκ ἀκούει ὁ Νικόλαος τῆς Βερνίκης. 6. Πολὺ μεριμνᾷ ὁ Τίμων καὶ περὶ τῆς οἰκίας καὶ περὶ τῆς ἐργασίας.

Chapter 10
Questions

1. Βερνίκη μαθήτριά ἐστιν. 2. Βερνίκη μανθάνει ἐν τῇ σχολῇ καὶ ὀργίζεται πολύ. 3. Φιλεῖ τὴν τάξιν ἡ Βερνίκη καὶ φιλεῖ τὴν σχολήν. 4. Περὶ τῆς σχολῆς μεριμνᾷ ἡ Βερνίκη. 5. Μισεῖ ἡ Βερνίκη τὸν Νικόλαον καὶ τὸν Νικάνορα. 6. Οὐκ ἔστιν λαμπρὸν τὸ περιβόλαιον τῆς Βερνίκης. 7. Οὔ. Βερνίκη οὐκ ἔστιν ἡ μήτηρ τοῦ Νέστορος. 8. Χριστόφορος διδάσκαλός ἐστιν. 9. Ὀργίζεται καὶ κράζει ὁ Χριστόφορος. 10. Φιλεῖ τὴν τάξιν καὶ τὰ βιβλία καὶ τὴν ἑλληνικὴν γλῶσσαν ὁ Χριστόφορος. 11. Περὶ τῆς σχολῆς μεριμνᾷ ὁ Χριστόφορος καὶ περὶ τοῦ διδάγματος. 12. Ναί, πολὺ ὀργίζεται ὁ Χριστόφορος. 13. Ἀλέξανδρος μαθητής ἐστιν. 14. Ἀλέξανδρος μανθάνει ἐν τῇ σχολῇ. 15. Φιλεῖ τὸ λαμπρὸν περιβολαῖον ὁ Ἀλέξανδρος. 16. Περὶ τοῦ Βουκεφάλου μεριμνᾷ ὁ Ἀλέξανδρος. 17. Λαμπρόν ἐστιν τὸ περιβόλαιον τοῦ Ἀλεξάνδρου. 18. Βουκέφαλος ἵππος ἐστίν. 19. Φιλεῖ τὸν χόρτον ὁ Βουκέφαλος. 20. Περὶ τοῦ Ἀλεξάνδρου μεριμνᾷ ὁ Βουκέφαλος. 21. Μισεῖ ὁ Βουκέφαλος τὴν τάξιν. 22. Χόρτον ἐσθίει ὁ Βουκέφαλος. 23. Ὁ σταθμός ἐστιν ἡ οἰκία τοῦ Βουκεφάλου. 24. Οὔ, Βουκέφαλος οὐκ ἔστιν ὁ κύριος τοῦ Ἀλεξάνδρου. 25. Νέστωρ δοῦλός ἐστιν. 26. Κοσμεῖ καὶ σαροῖ τὴν οἰκίαν ὁ Νέστωρ. 27. Φιλεῖ τὴν τάξιν ὁ Νέστωρ. 28. Ψιλή ἐστιν ἡ κεφαλὴ τοῦ Νέστορος. 29. Μισεῖ τὸν ἵππον ὁ Νέστωρ. 30. Οὐκ ἔστιν λαμπρὸν τὸ περιβόλαιον τοῦ Νέστορος. 31. Οὐκ ἔστιν μακρὰ ἡ κόμη τοῦ Νέστορος. 32. Ἐν τῇ οἰκίᾳ ἐστὶν ὁ Νέστωρ.

33. Οὔ, ὁ Νέστωρ οὐκ ἔστιν ὁ πατὴρ τοῦ Νικολάου. 34. Μαθήτριά ἐστιν ἡ ῾Ρόδη. 35. Πολὺ λαλεῖ ἡ ῾Ρόδη καὶ περὶ τοῦ περιβολαίου καὶ περὶ τῆς κόμης. 36. Φιλεῖ τὸ ἔσοπτρον ἡ ῾Ρόδη. 37. Περὶ τῆς κόμης αὐτῆς μεριμνᾷ ἡ ῾Ρόδη. 38. Λαμπρόν ἐστιν τὸ περιβόλαιον τῆς ῾Ρόδης. 39. Οὐκ ἔστιν ψιλὴ ἡ κεφαλὴ τῆς ῾Ρόδης, 40. Ὁ Φίλιππος μαθητής ἐστιν. 41. Ναί, πάντοτε ὀψὲ ἔρχεται ὁ Φίλιππος. 42. Οὐκ ἀκούει τοῦ διδασκάλου ὁ Φίλιππος. 43. Οὐ γράφει ἐπὶ τῷ πινακιδίῳ ὁ Φίλιππος. 44. Ἐν τῇ σελήνῃ ἐστὶν ἡ οἰκία τοῦ Φιλίππου. 45. Πλανᾶται ὁ Φίλιππος. 46. Ὁ Νικάνωρ μαθητής ἐστιν. 47. Πολὺ γελᾷ ὁ Νικάνωρ. 48. Οὐδεὶς καταγελᾷ τοῦ Νικάνορος. 49. Περὶ τοῦ Φιλίππου καὶ περὶ τῆς Βερνίκης μεριμνᾷ ὁ Νικάνωρ. 50. Οὐ φιλεῖ τὸν Νικάνορα ἡ Βερνίκη. 51. Ναί, καὶ τοῦ διδασκάλου καταγελᾷ ὁ Νικάνωρ. 52. Νικόλαος μαθητής ἐστιν. 53. Πίνει καὶ μεθύσκεται ὁ Νικόλαος. 54. Φιλεῖ τὸν οἶνον ὁ Νικόλαος. 55. Περὶ τοῦ οἴνου μεριμνᾷ ὁ Νικόλαος. 56. Νῦν ὁ Νικόλαος ἐν τῇ φυλακῇ ἐστιν. 57. Τίμων ἐπισκέπτεται τὸν Νικόλαον ἐν τῇ φυλακῇ. 58. Μάρθα ἐστὶν ἡ μήτηρ τοῦ Νικολάου. 59. Μεριμνᾷ ἡ Μάρθα περὶ τοῦ Νικολάου. 60. Οὔ, ἡ Μάρθα οὐκ ἔστιν μαθήτρια τοῦ Χριστοφόρου. 61. Ὁ Τίμων κάπηλός ἐστιν. 62. Μεριμνᾷ ὁ Τίμων καὶ περὶ τῆς οἰκίας καὶ περὶ τῆς ἐργασίας. 63. Ναί, ἐπισκέπτεται ὁ Τίμων τὸν Νικόλαον ἐν τῇ φυλακῇ. 64. Οἶνον προσφέρει ὁ Τίμων τῷ Νικολάῳ. 65. Ἐγὼ μαθητής εἰμι. Ἀποκρίθητι τοῖς λοιποῖς ἐρωτήμασιν μετὰ παρρησίας. Freely answer the rest of the questions.

Exercise A΄

1. Τί ποιεῖ ὁ Νικόλαος ἐν τῇ φυλακῇ; *Πίνει οἶνον ὁ Νικόλαος ἐν τῇ φυλακῇ.* 2. Τί ποιεῖ ὁ Νικάνωρ ἐν τῇ σχολῇ; *Καταγελᾷ τοῦ Φιλίππου ὁ Νικάνωρ ἐν τῇ σχολῇ.* 3. Τί ποιεῖ ὁ Φίλιππος ἐν τῇ σχολῇ; *Πλανᾶται καὶ καθεύδει ὁ Φίλιππος ἐν τῇ σχολῇ.* 4. Τί ποιεῖ ὁ Χριστόφορος ἐν τῇ σχολῇ; *Ὀργίζεται καὶ κράζει ὁ Χριστόφορος ἐν τῇ σχολῇ.* 5. Τί ποιεῖ ὁ Νέστωρ ἐν τῇ οἰκίᾳ; *Σαροῖ καὶ κοσμεῖ ὁ Νέστωρ ἐν τῇ οἰκίᾳ.* 6. Τί ποιεῖ ἡ Βερνίκη ἐν τῇ σχολῇ; *Ὀργίζεται τῇ ῾Ρόδῃ ἡ Βερνίκη ἐν τῇ σχολῇ.* 7. Τί ποιεῖ ὁ Τίμων ἐν τῇ φυλακῇ; *Ἐπισκέπτεται τὸν Νικόλαον καὶ οἶνον προσφέρει αὐτῷ.* 8. Τί ποιεῖ ἡ ῾Ρόδη ἐν τῇ σχολῇ; *Λαλεῖ περὶ τοῦ περιβολαίου καὶ περὶ τῆς κόμης.*

Exercise B΄

1. Φιλεῖ ὁ Βουκέφαλος τὸν Ἀλέξανδρον. Χόρτον προσφέρει ὁ Ἀλέξανδρος τῷ Βουκεφάλῳ. Ὁ δὲ Νέστωρ χόρτον τῷ ἵππῳ οὐ προσφέρει. Μισεῖ τὸν ἵππον ὁ Νέστωρ. 2. Λαλεῖ ὁ Νικάνωρ ἐν τῷ διδάγματι καὶ ὀργίζεται ἡ Βερνίκη. Πίνει οἶνον ὁ Νικόλαος καὶ ὀργίζεται ἡ Βερνίκη. Καθεύδει ὁ Φίλιππος καὶ ὀργίζεται ἡ Βερνίκη τῷ διδασκάλῳ.

Exercise Γ´

1. Μεριμνᾷ ἡ Βερνίκη περὶ τῆς σχολῆς. 2. Μεριμνᾷ ὁ Ἀλέξανδρος περὶ τοῦ ἵππου. 3. Μεριμνᾷ ὁ Νικόλαος περὶ τοῦ οἴνου. 4. Μεριμνᾷ ἡ Μάρθα περὶ τοῦ Νικολάου. 5. Μεριμνᾷ ὁ Τίμων περὶ τῆς οἰκίας καὶ περὶ τῆς ἐργασίας. 6. Μεριμνᾷ ὁ Νικάνωρ περὶ τοῦ Φιλίππου. 7. Μεριμνᾷ ὁ Νέστωρ περὶ τῆς τάξεως.

Exercise Δ´

1. Βουκέφαλος τοῦ Ἀλεξάνδρου ἐστὶν ἵππος. 2. Βερνίκη τοῦ Χριστοφόρου ἐστὶν μαθήτρια. 3. Νέστωρ τοῦ Ἀλεξάνδρου ἐστὶν δοῦλος. 4. Τὸ περιβόλαιον τῆς Βερνίκης λαμπρὸν οὐκ ἔστιν. 5. Χριστόφορος τῆς Ῥόδης ἐστὶν διδάσκαλος. 6. Μακρά ἐστιν ἡ τῆς Ῥόδης κόμη. 7. Μάρθα τοῦ Νικολάου ἐστὶν μήτηρ. 8. Τὸ πινακίδιον τῆς Βερνίκης καλόν ἐστιν. 9. Τὸ βιβλίον τῆς ἑλληνικῆς γλώσσης δύσκολόν ἐστιν. 10. Αἱ σελίδες τοῦ βιβλίου καλαί εἰσιν.

Exercise Ε´

1. Χόρτον ἐσθίει ὁ Βουκέφαλος ἐν τῷ σταθμῷ. 2. Ἀκολουθεῖ ὁ μαθητὴς τῷ διδασκάλῳ. 3. Εὐχαριστεῖ τῷ ἐσόπτρῳ ἡ Ῥόδη. 4. Λέγει 'Χαῖρε' ὁ Φίλιππος τῷ Χριστοφόρῳ. 5. Εὐχαριστεῖ ἡ ἀδελφὴ τῷ ἀδελφῷ. 6. Οὐκ ἀκολουθεῖ ὁ Βουκέφαλος τῷ δούλῳ. 7. Παῦλε, δὸς τὸν κάλαμον τῷ Στεφάνῳ.

Exercise ϛ´

1. Ἐν τῇ σχολῇ διδάσκει ὁ Χριστόφορος. 2. Δὸς τὴν ὑδρίαν τῇ μαθητρίᾳ. 3. Εὐχαριστεῖ ὁ ἀδελφὸς τῇ ἀδελφῇ. 4. Νικόλαος ἐν τῇ φυλακῇ ἐστιν. 5. Ἀκολουθεῖ ὁ Ἀλέξανδρος τῇ Ῥόδῃ. 6. Οὐκ ἔστιν ὁ Νέστωρ ἐν τῇ σχολῇ ἀλλὰ ἐν τῇ οἰκίᾳ. 7. Πολὺ λαλεῖ ἡ Βερνίκη τῇ ἑλληνικῇ γλώσσῃ.

Chapter 11
Questions

1. Μάλιστα, αἱ οἰκίαι τοῦ Ἀλεξάνδρου πολλαί εἰσιν. 2. Ναί, τὰ ἔσοπτρα τῆς Ῥόδης πολλά εἰσιν. 3. Οἱ ἵπποι τοῦ Ἀλεξάνδρου λαμπροί εἰσιν. 4. Καὶ οἱ κλοιοὶ τῆς Ῥόδης λαμπροί εἰσιν. 5. Φιλεῖ ὁ Ἀλέξανδρος τοὺς ἵππους καὶ τὰς οἰκίας τὰς λαμπράς. 6. Φιλεῖ ἡ Ῥόδη τὰ ἔσοπτρα καὶ τοὺς καλοὺς μαργαρίτας. 7. Μάλιστα, οἶδε ἡ Ῥόδη τὴν τιμὴν τῶν ἐσόπτρων αὐτῆς. 8. Οὔ, οὐκ οἶδε ὁ Ἀλέξανδρος τὴν τιμὴν τῶν ἵππων αὐτοῦ. 9. Μεριμνᾷ ἡ Ῥόδη περὶ τῶν ἐσόπτρων καὶ περὶ τῶν κλοιῶν. 10. Μεριμνᾷ ὁ Ἀλέξανδρος περὶ τῶν ἵππων καὶ περὶ τῶν οἰκιῶν. 10. Ἀκούουσιν τοῦ Ἀλεξάνδρου οἱ ἵπποι αὐτοῦ. 11. Οὐκ ἀκούουσιν τοῦ Ἀλεξάνδρου αἱ μαθήτριαι. 12. Μόνον λαλεῖ πρὸς τὰ ἔσοπτρα αὐτῆς ἡ Ῥόδη.

Exercise Α΄

1 Φιλεῖ ἡ ᾿Ρόδη τὰ ἔσοπτρα καὶ φιλεῖ τοὺς κλοιούς. Λαλεῖ πρὸς τοὺς ἵππους ὁ ᾿Αλέξανδρος. Σαροῖ τὰς οἰκίας ὁ Νέστωρ καὶ σαροῖ τοὺς σταθμούς. Μισεῖ τοὺς ἵππους ὁ Νέστωρ. 2. Δύσκολός ἐστιν ἡ ἑλληνικὴ γλῶσσα καὶ δύσκολοί εἰσιν οἱ μαθηταί. Λαλεῖ πρὸς τὰ ἔσοπτρα ἡ ᾿Ρόδη καὶ ὀργίζεται ἡ Βερνίκη. Πίνουσιν οἶνον οἱ δοῦλοι καὶ ὀργίζεται ὁ κάπηλος.

Exercise Β΄

1. Κλεῖσον τὰς θύρας. 2. ῎Ιδετε τὰς τραπέζας. 3. Δός μοι τὰ ποτήρια. 4. Ζήτησον τοὺς ἀδελφούς. 5. Καθίσατε ἐπὶ τὰς καθέδρας. 6. ᾿Ανάγνωθι τὰ βιβλία. 7. Βλέπεις τοὺς καλάμους;

Exercise Γ΄

1. Μεριμνᾷ ὁ ᾿Αλέξανδρος περὶ τῶν μαθητριῶν. 2. Μεριμνᾷ ὁ Νικόλαος περὶ τῶν ἀμφορέων. 3. Μεριμνᾷ ἡ ᾿Ρόδη περὶ τῶν ἐσόπτρων. 4. Μεριμνᾷ ὁ Τίμων περὶ τῶν καθημένων. 5. Μεριμνᾷ ὁ Χριστόφορος περὶ τῶν μαθητῶν.

Questions

1. Ποτήρια οἴνου δίδωσι ὁ Τίμων τοῖς καθημένοις. 2. ᾿Αμφορέας ζύθου δίδωσι ὁ Τίμων ταῖς καθημέναις. 3. ῞Υδωρ δίδωσι ὁ Τίμων τοῖς παιδίοις. 4. ᾿Ακολουθεῖ τοῖς προβάτοις ὁ ποιμήν. 5. ᾿Ακολουθεῖ ταῖς μαθητρίαις ὁ ᾿Αλέξανδρος. 6. ῾Ο ᾿Αλέξανδρος πλούσιος ἐν τοῖς πλουσίοις ἐστίν. 7. ῾Ο Βουκέφαλος ὑπερήφανος ἐν τοῖς ζῴοις ἐστίν. 8. ῾Η ἑλληνικὴ γλῶσσα δύσκολος ἐν ταῖς γλώσσαις ἐστίν.

Exercise Δ΄

1. Χόρτον ἐσθίει ὁ Βουκέφαλος ἐν τοῖς ἀγροῖς 2. ᾿Ακολουθεῖ ὁ μαθητὴς τοῖς ἵπποις. 3. Εὐχαριστεῖ τοῖς ἐσόπτροις ἡ ᾿Ρόδη. 4. Λέγει ῾Χαῖρε᾿ ὁ Φίλιππος τοῖς φίλοις. 5. Εὐχαριστεῖ ὁ Νικάνωρ τοῖς ποτηρίοις. 6. Οὐκ ἀκολουθεῖ ὁ Βουκέφαλος τοῖς δούλοις.

Exercise Ε΄

1. ᾿Εν ταῖς σχολαῖς διδάσκει ὁ Χριστόφορος. 2. Δὸς τὴν ὑδρίαν ταῖς καθημέναις. 3. Εὐχαριστεῖ ὁ ἀδελφὸς ταῖς ἀδελφαῖς. 4. Οὐκ ἔστιν τάξις ἐν ταῖς φυλακαῖς. 5. ᾿Ακολουθεῖ ὁ ᾿Αλέξανδρος ταῖς μαθητρίαις. 6. Πολὺ λαλεῖ ἡ Βερνίκη ταῖς φίλαις.

Chapter 12

Exercise A´

1. Πότε ὄρθρος ἐστίν; Ὅταν ἀνατείλη ὁ ἥλιος. 2. Πότε ὀψία ἐστίν; Ὅταν δύση ὁ ἥλιος. 3. Πότε ἔρχεται ἡ Ῥόδη; Οὐδεὶς οἶδε τοῦτο. 4. Σήμερον, πότε ἐστὶν τὸ δίδαγμα τῆς ἑλληνικῆς γλώσσης; Ὅταν ἔλθη ὁ διδάσκαλος. 5. Πότε φωνεῖ ὁ ἀλέκτωρ; Ἀλεκτοροφωνίας. 6. Πότε ἔρχεται ὁ Νικόλαος; Ἐν τῇ ὀψίᾳ. 7. Πότε ψῦχος ἐστίν; Πρωί.

Exercise B´

1. Οὐκ ἔρχεται ἡ Ῥόδη ὅταν ἀνατείλη ὁ ἥλιος. 2. Φαίνει ὁ ἥλιος ἐν τῇ πρωίᾳ. 3. Ἐν μέσῳ τοῦ οὐρανοῦ ἐστιν ὁ ἥλιος ἐν τῇ μεσημβρίᾳ. 4. Τὴν Ῥόδην προσδοκᾷ ὁ Ἀλέξανδρος. 5. Ἔρχεται ὁ Νικόλαος ὅταν δύση ὁ ἥλιος.

Exercise Γ´

ι´	= 10	5	=	ε´
β´	= 2	3	=	γ´
ζ´	= 7	1	=	α´
η´	= 8	4	=	δ´
θ´	= 9	6	=	ϛ´

Exercise Δ´

ι´	=	10	245	=	σμε´
ιβ´	=	12	33	=	λγ´
νζ´	=	57	1 800	=	,αω´
κη´	=	28	17	=	ιζ´
,βϛ´	=	2 006	29	=	κθ´

Exercise E´

1. Ἡ δευτέρα καὶ ἥμισυ. 2. Ἡ τρίτη καὶ εἴκοσι [λεπτά]. 3. Μεσονύκτιον. 4. Ἡ δεκάτη καὶ ἥμισυ. 5. Εἴκοσι [λεπτὰ] εἰς τὴν ὀγδόην. 6. Τέταρτον εἰς τὴν δεκάτην. 7. Πέντε [λεπτὰ] εἰς τὴν τετάρτην. 8. Μεσημβρία. 9. Ἡ δεκάτη.

Exercise ς´

Α 1. Ἐν τῇ ἡμέρᾳ εἴκοσι καὶ τέσσαρες ὧραί εἰσιν. 2. Ἐν τῷ ἐνιαυτῷ δώδεκα μῆνές εἰσιν. 3. Ἐν τῷ μηνὶ τριάκοντα ἡμέραι εἰσίν. 4. Σήμερον (Write today's name) .... ἐστιν.

Β 1. Κυριακή. 2. Δευτέρα ἡμέρα. 3. Τρίτη ἡμέρα. 4. Τετάρτη ἡμέρα. 5. Πέμπτη ἡμέρα. 6. Παρασκευή. 7. Σάββατον.

Exercise Ζ´

1	ἡ ἡμέρα	ἡ νύξ	2	ὁ οὐρανός	ἡ γῆ
3	ἡ πρωία	τὸ δειλινόν	4	ὁ δοῦλος	ὁ κύριος
5	ἐκεῖ	ὧδε	6	κλεῖσον	ἄνοιξον
7	εὔκοπον	δύσκολον	8	λάβε	δός
9	ἔξελθε	εἴσελθε	10	ἀνάστηθι	κάθισον
11	ἡ μεσημβρία	τὸ μεσονύκτιον	12	λάλει	σίγα
13	ὅταν ἀνατείλῃ ὁ ἥλιος				ὅταν δύσῃ ὁ ἥλιος
14	ἄνθρωπος	ζῷον	15	ἀνήρ	γυνή
16	ἀρσενικόν	θηλυκόν	17	πληθυντικόν	ἑνικόν
18	ὄρθρος	ὀψία	19	ὀψὲ ἔρχῃ σύ	πρωὶ ἔρχῃ σύ

Exercise Η´

1. Ποῦ εἶ ; Ὧδέ εἰμι. Πότε ἔρχῃ ; Νῦν ἔρχομαι. Τίς εἶ ; Ἐγώ εἰμι. 2. Μαθητής εἰμι. Μαθηταί ἐσμεν. Ἐγώ εἰμι. Ἡμεῖς ἐσμεν. 3. Ὁ μαθητὴς καὶ ἡ μαθήτρια ὧδέ εἰσιν. Ὁ πατὴρ καὶ ἡ μήτηρ ἐκεῖ εἰσιν. 4. Προσδοκῶ λεπτὸν καὶ ὧραν καὶ ἡμέραν καὶ μῆνα καὶ ἐνιαυτόν. 5 Πρῶτον ὄρθρος γίνεται καὶ εἶτα πρωία καὶ εἶτα μεσημβρία καὶ εἶτα δειλινὸν καὶ εἶτα ὀψία.

Chapter 13

Questions Β´

1. Τοῦτο λέγει ἡ Ῥόδη· ἡ ἑλληνικὴ γλῶσσα δύσκολός ἐστιν. 2. Σκληρὰν ἔχει τὴν κεφαλὴν ἡ Ῥόδη. 3. Τῷ ταλαιπώρῳ μαθητῇ δύσκολός ἐστιν ἡ ἑλληνικὴ γλῶσσα. 4. Περὶ τῆς ἑλληνικῆς γλώσσης λέγει ὁ διδάσκαλος ὅτι εὔκοπός ἐστιν, λέγει δὲ ἡ Ῥόδη ὅτι δύσκολός ἐστιν. 5. Μία φράσις ἐξέρχεται ἐκ τῆς κεφαλῆς τῆς Ῥόδης.

Exercise Α´

4. Ἡ Γαλατία πρὸς τὴν Ἑλλάδα ἐστίν. 5. Ἡ Κυρήνη ἐν τῇ Λιβύῃ ἐστίν. 6. Ἡ Κόρινθος ἐν τῇ Ἑλλάδι ἐστίν. 7. Ἡ Σικελία ἐν μέσῳ τῆς ἔσω θαλάσσης ἐστίν, μεταξὺ τῆς Ἰταλίας καὶ τῆς Νομαδίας. 8. Αἱ Ἀθῆναι ἐν τῇ Ἑλλάδι εἰσίν. 9. Ἡ Βρεττανία πρὸς τὴν Γαλλίαν ἐστίν. 10. Ὁ Ῥοδανὸς ἐν τῇ Γαλλίᾳ ἐστίν.

11. Τὸ Ἰλλυρικόν ἐστιν μεταξὺ τῆς Ἰταλίας καὶ τῆς Ἑλλάδος. 12. Ἡ Βελγικὴ πρὸς τὴν Γαλλίαν ἐστίν. 13. Ὁ Ῥῆνος μεταξὺ τῆς Γαλλίας καὶ τῆς Γερμανίας ἐστίν. 14. Ἡ Ἀλεξάνδρεια ἐν τῇ Αἰγύπτῳ ἐστίν.

Questions Γ΄

1. Μόνον τὸ ὄνομα τοῦ σαββάτου καὶ τῆς κυριακῆς οἶδε ἡ Ῥόδη. 2. Οὐκ οἶδε τὴν ἀρχὴν τῆς ἑβδομάδος ἡ Ῥόδη. 3. Ἐν πάσαις ταῖς ἡμέραις τῆς ἑβδομάδος λαλεῖ ἑλληνιστὶ ἡ Ῥόδη. 4. Οὐκ ἔστιν ταπεινὴ ἡ Ῥόδη ἀλλὰ ὑπερήφανος. 5. Τοῦτο λέγει ἡ Ῥόδη · Καὶ τῇ γαλλικῇ καὶ τῇ βρεττανικῇ καὶ τῇ ἀραβικῇ καὶ τῇ σπανικῇ γλώσσῃ λαλῶ.

Exercise Β΄

1. Τρίτη κλίσις
2. Πρώτη κλίσις
3. Πρώτη κλίσις
4. Δευτέρα κλίσις
5. Τρίτη κλίσις
6. Πρώτη κλίσις
7. Τρίτη κλίσις
8. Τρίτη κλίσις
9. Τρίτη κλίσις
10. Τρίτη κλίσις

Exercise Γ΄

	Τύπον Α΄	Τύπον Β΄	Τύπον Γ΄	Τύπον Δ΄
Ἑνικόν				
Εὐθεῖα	ἡμέρα	γλῶσσα	κεφαλή	μαθητής
Κλητική	ἡμέρα	γλῶσσα	κεφαλή	μαθητά
Αἰτιατική	ἡμέραν	γλῶσσαν	κεφαλήν	μαθητήν
Γενική	ἡμέρας	γλώσσης	κεφαλῆς	μαθητοῦ
Δοτική	ἡμέρᾳ	γλώσσῃ	κεφαλῇ	μαθητῇ
Πληθυντικόν				
Εὐθεῖα	ἡμέραι	γλῶσσαι	κεφαλαί	μαθηταί
Κλητική	ἡμέραι	γλῶσσαι	κεφαλαί	μαθηταί
Αἰτιατική	ἡμέρας	γλώσσας	κεφαλάς	μαθητάς
Γενική	ἡμερῶν	γλωσσῶν	κεφαλῶν	μαθητῶν
Δοτική	ἡμέραις	γλώσσαις	κεφαλαῖς	μαθηταῖς

Exercise Δ´

	Τύπον Α´	Τύπον Β´	Τύπον Γ´
Ἑνικόν			
Εὐθεῖα	σκληρά	πᾶσα	ἑλληνική
Κλητική	σκληρά	πᾶσα	ἑλληνική
Αἰτιατική	σκληράν	πᾶσαν	ἑλληνικήν
Γενική	σκληρᾶς	πάσης	ἑλληνικῆς
Δοτική	σκληρᾷ	πάσῃ	ἑλληνικῇ
Πληθυντικόν			
Εὐθεῖα	σκληραί	πᾶσαι	ἑλληνικαί
Κλητική	σκληραί	πᾶσαι	ἑλληνικαί
Αἰτιατική	σκληράς	πάσας	ἑλληνικάς
Γενική	σκληρῶν	πασῶν	ἑλληνικῶν
Δοτική	σκληραῖς	πάσαις	ἑλληνικαῖς

Exercise Ε´

Βλέπω τὴν ἡμέραν. Ἡ ἡμέρα καλή ἐστιν. Φαίνει τὸ φῶς τῆς ἡμέρας. Ἐν πάσαις ταῖς ἡμέραις τῆς ἑβδομάδος μανθάνω τὴν ἀραβικὴν γλῶσσαν.

Exercise ς´

1. Φιλῶ τὰς λαμπρὰς ἡμέρας. 2. Ζήτησον τὰς μεγάλας Ἀθήνας ἐν τῷ πίνακι. 3. Ἔπαρον τὴν ψιλὴν κεφαλήν σου, παρακαλῶ. 4. Ἔκτεινον τὴν μακρὰν γλῶσσάν σου, παρακαλῶ. 5. Εἴσελθε εἰς τὴν σκληρὰν φυλακήν. 6. Πολὺ φιλῶ τὰς γαλλικὰς σχολάς. 7. Ἄκουσον καθ' ἡμέραν τὴν ἀραβικὴν γλῶσσαν. 8. Προσδόκα ὥραν μίαν.

Exercise Ζ´

1. Μνημονεύω τοῦ ὀνόματος τῶν λαμπρῶν Ἀθηνῶν. 2. Ζήτησον τὸ τηλέφωνον τῶν Γάλλων μαθητριῶν. 3. Ἄκουσον τῆς καλῆς Ῥόδης, παρακαλῶ. 4. Εἴσελθε εἰς τὸ ἀνάγαιον τῆς μακρᾶς οἰκίας. 5. Ἄνοιξον τὴν θύραν τῆς σκληρᾶς φυλακῆς. 6. Πολὺ φιλῶ τὰς αὐλὰς τῶν γαλλικῶν σχολῶν. 7. Δύσκολόν ἐστιν τὸ δίδαγμα τῆς τρίτης ἡμέρας. 8. Προσδόκα μέχρι τῆς δευτέρας ὥρας.

Exercise Η´

1. Ἐν ταῖς λαμπραῖς Ἀθήναις οἰκῶ. 2. Καλῶς προσέχω ταῖς Γάλλαις μαθητρίαις. 3. Οὐ λαλῶ τῇ ἀραβικῇ γλώσσῃ. 4. Ζήτησον τὸ τηλέφωνον ἐν τῇ μεγάλῃ οἰκίᾳ. 5. Ἐπισκέπτεται ὁ Τίμων τὸν Νικόλαον ἐν τῇ σκληρᾷ φυλακῇ. 6. Δῶρον προσφέρω ταῖς Βρεττάναις μαθητρίαις. 7. Δύσκολός ἐστιν ἡ σχολὴ τῇ παρασκευῇ. 8. Εὔκοπός ἐστιν ἡ σπανικὴ γλῶσσα ἐν πάσαις ταῖς γλώσσαις.

Exercise Θ´

1. Ἡ ἑλληνικὴ γλῶσσα καλή ἐστιν. 2. Ἐν τῷ διδάγματι, μανθάνομεν τὴν ἑλληνικὴν γλῶσσαν. 3. Τὸ βιβλίον τῆς ἑλληνικῆς γλώσσης δύσκολόν ἐστιν. 4. Ἐν τῇ ἑλληνικῇ γλώσσῃ, πολλὰ ὀνόματά ἐστιν. 5. Αἱ γλῶσσαι τῶν ἀνθρώπων σκολιαί εἰσιν. 6. Βλέπω τὰς γλώσσας τῶν μαθητῶν. 7. Ἡ σχολὴ τῶν μαθητῶν μεγάλη ἐστίν. 8. Ταῖς μαθητρίαις προσέχω.

Exercise Ι´

Ῥόδη·   *Δύσκολός ἐστιν ἡ σχολὴ πάσῃ ἡμέρᾳ. Ἐξέρχομαι ἐκ τῆς οἰκίας καὶ περιπατῶ ἐν ταῖς μεγάλαις ῥύμαις ἀλλὰ μακρά ἐστιν ἡ ὁδός. Εἶτα εἰσέρχομαι εἰς τὴν μικρὰν σχολὴν καὶ καθίζω ἐπὶ καθέδραν. Ἡ καλὴ κόμη μου ἄτακτός ἐστι καὶ ἀνοίγω τὴν λαμπρὰν πήραν καὶ αἴρω τὸ ἔσοπτρόν μου. Χριστόφορος δὲ κράζει φωνῇ μεγάλῃ. Λέγει γὰρ ὁ διδάσκαλος ὅτι μόνον προσέχω τῇ κόμῃ καὶ τῷ περιβολαίῳ μου, ὀρθῶς δὲ οὐ λέγει· ἐγὼ γὰρ προσέχω καὶ τοῖς κλοιοῖς καὶ τοῖς καλοῖς μαργαρίταις. Χριστόφορος μόνον λαλεῖ ἑλληνικῇ γλώσσῃ, ἐγὼ δὲ οὐδὲν συνίημι. Ἡ γὰρ ἑλληνικὴ γλῶσσα δύσκολός ἐστιν.*

Φίλιππος·   *Δύσκολός ἐστιν ἡ σχολὴ πάσῃ ἡμέρᾳ. Πάντοτε ὀψὲ ἐξέρχομαι ἐκ τῆς οἰκίας μου καὶ πολὺν χρόνον περιπατῶ ἐν ταῖς μεγάλαις ῥύμαις καὶ βλέπω ἐν τῇ ἀγορᾷ τὰς καθέδρας καὶ τὰς τραπέζας καὶ τὰς λαμπρὰς κεφαλὰς τῶν μαθητῶν καὶ τῶν μαθητριῶν. Οὐ γὰρ μνημονεύω τῆς ὥρας καὶ ὀψὲ ἔρχομαι εἰς τὸ δίδαγμα τῆς ἑλληνικῆς γλώσσης. Κράζει οὖν ὁ Χριστόφορος φωνῇ μεγάλῃ καὶ ὀργίζεται πολύ. Λέγει γὰρ ὁ διδάσκαλος ὅτι ἐν τῇ σελήνῃ οἰκῶ καὶ ὅτι πλανῶμαι, ὀρθῶς δὲ οὐ λέγει· ἐγὼ γὰρ οἰκῶ ἐν τῇ ῥύμῃ τῶν μεγάλων δένδρων καὶ ἡ οἰκία μου πρὸς αὐλὴν μικράν ἐστιν καὶ πάντοτε βλέπω διὰ τῆς θυρίδος τὰς κεφαλὰς τῶν καθημένων καὶ τὰς σφαίρας τῶν παιδίων καὶ οὐ μνημονεύω τῆς ὥρας καὶ κράζει ἡ μήτηρ φωνῇ μεγάλῃ καὶ ὀργίζεται πολύ.*

Ἀλέξανδρος· Δύσκολός ἐστιν ἡ σχολὴ πάσῃ ἡμέρᾳ. Ἐξέρχομαι ἐκ τῆς οἰκίας καὶ βλέπω ἐν τῷ κήπῳ τὰς λαμπρὰς κόμας τῶν καθημένων καὶ λαλῶ πρὸς τὰς καθημένας ἀλλ' οὐκ ἀκούουσίν μου. Πᾶσαι αἱ μαθήτριαι ὑπάγουσιν καὶ ἐγὼ ἀκολουθῶ ταῖς καλαῖς καὶ πλουσίαις μαθητρίαις ἀλλὰ τρέχουσιν αἱ μαθήτριαι καὶ οὐ λαλοῦσιν πρός με. Εἶτα τρέχω εἰς τὴν σχολὴν καὶ οὐ ποιῶ τὰ μελετήματα. Ὀργίζεται οὖν ὁ Χριστόφορος καὶ λέγει ὅτι μόνον μεριμνῶ περὶ τῶν μαθητριῶν, ὀρθῶς δὲ οὐ λέγει · ἐγὼ γὰρ μεριμνῶ καὶ περὶ τῶν ἵππων καὶ περὶ τῶν πλουσιῶν οἰκιῶν. Ἡ οἰκία μου πρὸς τὴν οἰκίαν τῆς Ῥόδης ἐστὶν καὶ πάντοτε προσδοκῶ αὐτὴν μία ὥρα ἢ δύο ἢ τρεῖς ἐν τῷ κήπῳ ἀλλὰ Ῥόδη οὐκ ἔρχεται.

Νικόλαος· Δύσκολός ἐστιν ἡ σχολὴ πάσῃ ἡμέρᾳ. Ἐξέρχομαι ἐκ τῆς οἰκίας καὶ περιπατῶ ἐν τῇ ῥύμῃ καὶ εἰσέρχομαι εἰς καπηλεῖον. Καθίζω οὖν πρὸς τὴν τράπεζαν τοῦ καπηλείου καὶ αἰτῶ οἶνον. Πίνω δὲ καὶ μεθύσκομαι καὶ εὐθὺς οὐκέτι μνημονεύω ποῦ εἰμι. Τότε, βάλλω ποτήριον εἰς τὰς καθημένας. Πάντες δὲ κράζουσιν ἐν τῷ καπηλείῳ καὶ παραχρῆμα ἐξέρχομαι. Τρέχω οὖν ἐν τῇ ῥύμῃ καὶ εἰσέρχομαι εἰς τὴν σχολήν. Βλέπων δέ με ὁ Χριστόφορος, ὀργίζεται καὶ λέγει ὅτι πάλιν πίνω οἶνον. Καὶ ἐγὼ ὀργίζομαι καὶ βάλλω βιβλία καὶ πήρας εἰς τὰς μαθητρίας. Φωνεῖ οὖν τοὺς φύλακας ὁ Χριστόφορος. Ἐκεῖνοι δὲ ἔρχονται ταχὺ καὶ κρατοῦντές με βάλλουσίν με εἰς τὴν σκληρὰν φυλακήν.

Χριστόφορος · Δύσκολός ἐστιν ἡ σχολὴ πάσῃ ἡμέρᾳ. Ἐξέρχομαι ἐκ τῆς οἰκίας καὶ περιπατῶ ἐν τῇ ῥύμῃ καὶ εἰσέρχομαι εἰς τὴν σχολήν. Ἀνοίγω τὴν θύραν τοῦ οἰκήματός μου καὶ βλέπω αὐτὸ κενόν τι· ἄπεισιν γὰρ πολλοὶ μαθηταί. Ὀλίγοι μαθηταὶ ἐν τῷ οἰκήματί εἰσιν· οὐκ ἀκούουσιν οὐδὲ προσέχουσιν τὸν νοῦν τῷ διδασκάλῳ. Λαλεῖ γὰρ πρὸς τὸ ἔσοπτρον ἡ Ῥόδη. Μόνον δὲ μεριμνᾷ περὶ τῶν μαθητριῶν ὁ Ἀλέξανδρος. Καὶ ὀψὲ ἔρχεται ὁ Φίλιππος καὶ βάλλει πήρας εἰς τὰς καθημένας ὁ Νικόλαος. Πολὺ οὖν ὀργίζομαι καὶ παραχρῆμα ἐξέρχομαι ἐκ τοῦ οἰκήματος. Τρέχω οὖν ἐν τῇ σχολῇ καὶ φωνῶ τοὺς φύλακας. Τότε ἔρχονται οἱ φύλακες καὶ βάλλουσιν τὸν Νικόλαον εἰς τὴν σκληρὰν φυλακήν.

Chapter 14

Exercise Α´

1. Ἀλέξανδρος· Κλείω ἐγὼ ἢ κλείεις σύ; Νικόλαος· Ἐγὼ κλείω. 2. Νικάνωρ· Τρέχω ἐγὼ ἢ τρέχεις σύ; Φίλιππος· Ἐγὼ τρέχω. 3. Βερνίκη· Κρούω ἐγὼ ἢ κρούεις σύ; Ἀλέξανδρος· Ἐγὼ κρούω. 4. Ῥόδη· Βάλλω ἐγὼ τὴν σφαῖραν ἢ βάλλεις αὐτὴν σύ; Ἀλέξανδρος· Ἐγὼ βάλλω αὐτήν. 5. Ῥόδη· Αἴρω ἐγὼ τὸν κάλαμον ἢ αἴρεις σὺ αὐτόν; Βερνίκη· Ἐγὼ αἴρω αὐτόν.

Exercise Β´

1. Α. · *Τί λέγετε ὑμεῖς;* Β. · *Λέγομεν ὅτι κατάκοποί ἐσμεν.* 2. Α. · *Τί πιάζετε ὑμεῖς;* Β. · *Πιάζομεν ἰχθύας.* 3. Α. · *Τί ἀκούετε ὑμεῖς;* Β. · *Ἀκούομεν τὴν φωνὴν τοῦ Νικολάου.* 4. Α. · *Τί βλέπετε ὑμεῖς;*
Β. · *Βλέπομεν πλοῖον.* 5. Α. · *Τί ἐπαίρετε ὑμεῖς;* Β. · *Ἐπαίρομεν τὰς χεῖρας.*

Exercise Γ´

1. Προσφέρει *Τίμων* τὸν οἶνον καὶ προσφέρουσι *τὸν ζῦθον οἱ ὑπηρέται.*
2. Λαμβάνει *Παῦλος* τὸ βιβλίον καὶ λαμβάνουσι *τὰ πινακίδια οἱ λοιποὶ μαθηταί.*
3. Ἐκτείνει *Φίλιππος* τὴν γλῶσσαν καὶ ἐκτείνουσι *τοὺς δακτύλους οἱ λοιποὶ μαθηταί.* 4. Βλέπει *Νικάνωρ* τὴν πήραν καὶ βλέπουσιν *τὸ βιβλίον οἱ λοιποὶ νεανίσκοι.* 5. Καθεύδει *ἡ Βερνίκη ἀλλὰ* ῥέγχουσι *αἱ λοιπαὶ μαθήτριαι.*

Exercise Δ´

1.
Καθ᾽ ἡμέραν ἐγὼ κρούω ἐπὶ τὴν θύραν καὶ σὺ ἀνοίγεις μοι. Καθ᾽ ἡμέραν ἡμεῖς κρούομεν ἐπὶ τὴν θύραν καὶ ὑμεῖς ἀνοίγετε ἡμῖν. Καθ᾽ ἡμέραν Τιμόθεος καὶ Φίλιππος κρούουσιν ἐπὶ τὴν θύραν καὶ Νικόλαος ἀνοίγει αὐτοῖς.
2.
Καθ᾽ ἡμέραν ἐγὼ καθεύδω ἐν τῷ διδάγματι καὶ σὺ προσέχεις τῷ διδασκάλῳ. Καθ᾽ ἡμέραν ἡμεῖς καθεύδομεν ἐν τῷ διδάγματι καὶ ὑμεῖς προσέχετε τῷ διδασκάλῳ. Καθ᾽ ἡμέραν Τιμόθεος καὶ Φίλιππος καθεύδουσι ἐν τῷ διδάγματι καὶ Νικόλαος προσέχει τῷ διδασκάλῳ.
3.
Καθ᾽ ἡμέραν ἐγὼ τρέχω ἐν τῇ ῥύμῃ ἀλλὰ σὺ οὐ βλέπεις με. Καθ᾽ ἡμέραν ἡμεῖς τρέχομεν καὶ ὑμεῖς οὐ βλέπετε ἡμᾶς. Καθ᾽ ἡμέραν Τιμόθεος καὶ Φίλιππος τρέχουσι καὶ Νικόλαος οὐ βλέπει αὐτούς.
4.
Καθ᾽ ἡμέραν ἐγὼ ῥέγχω καὶ σὺ οὐκ ἀκούεις τοῦ διδασκάλου. Καθ᾽ ἡμέραν ἡμεῖς ῥέγχομεν καὶ ὑμεῖς οὐκ ἀκούετε τοῦ διδασκάλου. Καθ᾽ ἡμέραν Τιμόθεος καὶ Φίλιππος ῥέγχουσι καὶ Νικόλαος οὐκ ἀκούει τοῦ διδασκάλου.

5.

Καθ' ἡμέραν σὺ ἀνοίγεις τὴν θυρίδα καὶ ἐγὼ κλείω αὐτήν. Καθ' ἡμέραν ἡμεῖς ἀνοίγομεν τὴν θυρίδα καὶ ὑμεῖς κλείετε αὐτήν. Καθ' ἡμέραν Τιμόθεος καὶ Φίλιππος ἀνοίγουσι τὴν θυρίδα καὶ Νικόλαος κλείει αὐτήν.

Exercise E´
Observe the answers p. 201-202 (Volume 1).

Exercise ς´
Οὐκ ἔρχεται ὁ Νικόλαος εἰς τὸν ἱππόδρομον
Διὰ τῆς θυρίδος θεωρεῖ τὴν ῥύμην ὁ Φίλιππος καὶ βλέπει τὸν Νέστορα ·
Φίλιππος· Τί ποιεῖς, Νέστορε; Νέστωρ· Οὐ βλέπεις ὅτι τρέχω; Φίλιππος· Καὶ ποῦ τρέχεις νῦν;
Νέστωρ· Εἰς τὴν οἰκίαν τοῦ Νικολάου. Προσδοκᾷ αὐτὸν ὁ Ἀλέξανδρος ἐν τῷ ἱπποδρόμῳ ἀλλὰ Νικόλαος οὐκ ἔρχεται.
Φίλιππος· Προσδόκα με, προσδόκα με, Νέστωρ. Ἔρχομαι καὶ ἐγὼ σὺν σοί.
Ταχέως καταβαίνει ὁ Φίλιππος καὶ ἐξέρχεται εἰς τὴν ῥύμην. Τρέχουσιν δὲ οἱ δύο ὁμοῦ καὶ ἔρχονται εἰς τὴν οἰκίαν τοῦ Νικολάου. Ἑστήκασιν οὖν Φίλιππος καὶ Νέστωρ ἐπὶ τὴν θύραν καὶ κρούουσιν.
Νέστωρ καὶ Φίλ.· Νικόλαε, ἄνοιξον τὴν θύραν.
Νικόλαος· Τίνες ἐστὲ ὑμεῖς ; Τί θέλετε ; Τί λέγετε ;
Νέστωρ καὶ Φίλ.· Ἄνοιξον ἡμῖν τὴν θύραν, παρακαλῶ.
Νικόλαος· Οὐ δύναμαι. Ὀψέ ἐστιν. Ἐγὼ οὐ πάρειμι. Ὥρα νῦν καθεύδειν ἐστίν.
Νέστωρ καὶ Φίλ.· Νικόλαε, καὶ σὺ πάρει καὶ ἡμεῖς πάρεσμεν. Κατάβηθι ταχὺ καὶ ἄνοιξον ἡμῖν.
Νικόλαος· Ἤδη ἡ θύρα κέκλεισται. Οὐ δύναμαι ἀνοῖξαι ὑμῖν.
Νέστωρ καὶ Φίλ.· Βάλε οὖν ἡμῖν τὰς κλεῖδας διὰ τῆς θυρίδος. Ἡμεῖς ἀνοίγομεν τὴν θύραν.
Νικόλαος· Οὐκ οἶδα ποῦ εἰσιν αἱ κλεῖδες.
Νέστωρ καὶ Φίλ.· Ἐπὶ τῆς τραπέζης σου. Ἐντεῦθεν βλέπομεν τὰς κλεῖδας.
Ἐκτείνει τὴν χεῖρα ὁ Νικόλαος καὶ αἴρει τὰς κλεῖδας καὶ βάλλει αὐτὰς διὰ τῆς θυρίδος.
Νικόλαος· Πιάσατε ὑμεῖς τὰς κλεῖδας καὶ ἀνοίξατε τὴν θύραν, ἐγὼ δὲ καθεύδω.

Exercise Z´
Observe the answers p. 209-210 (Volume 1).

Exercise H´
1. Ἐγὼ φιλῶ σε καὶ σὺ κακολογεῖς με. Οὐ γὰρ ζῶμεν ἐν τῷ αὐτῷ κόσμῳ, ἐγὼ καὶ σύ. 2. Ἡμεῖς μισοῦμεν ὑμᾶς καὶ ὑμεῖς ἀκολουθεῖτε ἡμῖν. 3. Ῥόδη μὲν λαλεῖ, Βερνίκη δὲ περιπατεῖ πολύ. 4. Ἀλέξανδρος καὶ Φίλιππος λαλοῦσίν σοι καὶ σὺ οὐ θεωρεῖς αὐτούς. Ἐν τῇ σελήνῃ ζῇς. 5. Σήμερον πλεῖ Νικόλαος εἰς Σικελίαν. Ἐκεῖ γὰρ ζῶσι οἱ φίλοι αὐτοῦ.

Exercise Θ´

Ἐν τῷ κήπῳ τῆς οἰκίας τῆς Ῥόδης. Μεσονύκτιόν ἐστιν.

Ῥόδη· Τί ποιεῖς, Βερνίκη;

Βερνίκη· Γρηγορῶ καὶ περιπατῶ καὶ μανθάνω τὴν ἑλληνικὴν γλῶσσαν.

Ῥόδη· Βερνίκη, πάλιν μανθάνεις τὴν ἑλληνικὴν γλῶσσαν μέσης νυκτός;

Βερνίκη · Σίγα, Ῥόδη. Θεωρῶ τὸ βιβλίον, κατανοῶ γὰρ τὰ καλὰ ὀνόματα τῆς ἑλληνικῆς γλώσσης καὶ ἱλαρά εἰμι. Τῇ γὰρ Ἀθηνᾷ ὁμοία εἰμί.

Ῥόδη· Ἀλλὰ τί δοκεῖς; Ὅτι σοφὴ ἐν ταῖς γυναιξὶν εἶ σύ;

Βερνίκη· Μὴ ὀργίσθητι, Ῥόδη. Σὺ οὐ θέλεις κατανοεῖν τὰ ῥήματα τῆς ἑλληνικῆς γλώσσης, ὅτι οὐ γινώσκεις ἑλληνιστὶ οὐδὲν δὲ συνίης. Ἡ κεφαλή σου ὁμοία ἐστὶν τῇ κεφαλῇ τοῦ Φιλίππου καὶ ἐν παντὶ διδάγματι διὰ τῆς θυρίδος τὴν αὐλὴν τῆς σχολῆς θεωρεῖς.

Ῥόδη· Οὔτε περιπατοῦσιν μετὰ σοῦ, Βερνίκη, οὔτε φιλοῦσίν σε οἱ διδάσκαλοι.

Βερνίκη· Ἀλλὰ πάντες οἱ σοφοὶ θεωροῦσίν με, πάντες φιλοῦσίν με. Μετ᾽ ἐμοῦ μὲν λαλεῖ ὁ Σωκράτης. Πάντες γὰρ οἱ φιλόσοφοι μετ᾽ ἐμοῦ συλλαλοῦσιν καὶ θεωροῦσίν με, μετὰ σοῦ δὲ οὔτε Φίλιππος ὁ πλανώμενος, οὔτε Νικόλαος ὁ οἰνοπότης λαλεῖ.

Ῥόδη· Σὺ οἶδας ὅτι καθ᾽ ἡμέραν μετὰ τῶν σοφῶν καὶ τῶν φιλοσόφων λαλῶ. Ἀλλὰ ἡμεῖς οὐκ ἀκολουθοῦμέν σοι οὐδὲ φιλοῦμέν σε. Οἱ φιλόσοφοι γὰρ λέγουσι ὅτι μόνον περὶ τοῦ διδάγματος λαλεῖ ἡ Βερνίκη καὶ περὶ τῶν δοκιμασιῶν, δοκεῖ δὲ Ἀθηνᾶ εἶναι.

Βερνίκη· Τί ἄρα λαλεῖτε ὑμεῖς περὶ ἐμοῦ; Τί δὲ δοκεῖτε; Τί οὖν μισεῖτέ με; Πάντες γὰρ μισοῦσίν με. Πάντες δὲ κακολογοῦσίν με.

Exercise Ι´

1. Α καὶ δύο εἰσὶν πέντε. Α οὖν τρία ἐστίν. 2. Αἴρω τὸ σκιάδειόν μου· ἄρτι γὰρ βρέχει. 3. Κεκοπιακώς εἰμι. Καθίζω οὖν. 4. Ὀργίζομαι. Οὐ γὰρ συνίετε. 5. Τρέχω. Ὀψὲ γὰρ ἐστιν. 6. Οὐ γινώσκετε ἑλληνιστί. Ἡ γὰρ ἑλληνικὴ γλῶσσα δύσκολός ἐστιν. 7. Πρωί ἐστιν· βραδέως οὖν περιπατῶ. 8. Ἡ γαλλικὴ γλῶσσα εὔκοπός ἐστιν. Γαλλιστὶ οὖν γινώσκετε. 9. Κλείω τὴν θυρίδα. Ψῦχος γάρ ἐστιν. 10. Καῦμά ἐστιν. Ἀνοίγω οὖν τὴν θυρίδα.

Exercise Κ´

Πρώτη εἰκών ·

1. Ἀποτάσσεται τῇ Ῥόδῃ ὁ Ἀλέξανδρος. 2. Οὐκ ἔστιν ἱλαρὰ ἡ Ῥόδη ὅτι ὑπερήφανός ἐστιν. 3. Οὐ λαλεῖ μετὰ Ἀλεξάνδρου ἡ Ῥόδη. 4. Ἔχει τὰς πήρας ἡ Ῥόδη ἐν ταῖς χερσί. 5. Εἰς χώραν μακρὰν ὑπάγει ἡ Ῥόδη.

Δευτέρα εἰκών ·

1. Ναί, μετάγει ἡ Ῥόδη τὴν ἄμαξαν. 2. Νῦν ἔρχεται ἡ Ῥόδη εἰς τὸν λιμένα. 3. Βλέπει εἰς τὸ πλοῖον ἡ Ῥόδη.

Τρίτη εἰκών

1. Ἐμβαίνει εἰς τὸ πλοῖον ἡ Ῥόδη. 2. Μάλιστα, ἱλαρά ἐστιν ἡ Ῥόδη ὅτι πορεύεται εἰς χώραν μακράν. 3. Ἀσπάζεται τὴν Ῥόδην ὁ ναύτης. Αὐτὴ δὲ οὐ βλέπει εἰς αὐτόν, ὑπερήφανος γάρ ἐστιν.

Τετάρτη εἰκών

1. Νῦν ἡ Ῥόδη ἐν μέσῳ τῆς θαλάσσης ἐστίν. 2. Ἀναγινώσκει βιβλίον ἡ Ῥόδη. 3. Ναί, φαίνει ὁ ἥλιος ἐν τῷ οὐρανῷ.

Πέμπτη εἰκών

1. Εἰς τὴν θάλασσαν βλέπει ἡ Ῥόδη. 2. Μάλιστα, ἱλαρά ἐστιν ἡ Ῥόδη. 3. Καλή ἐστιν ἡ θάλασσα ἀλλὰ τὰ κύματα μεγάλα ἐστίν.

Ἕκτη εἰκών

1. Νῦν ἔρχεται τὸ πλοῖον τῆς Ῥόδης εἰς τὸν λιμένα. 2. Προσδοκᾷ τὴν Ῥόδην ὁ Ἀλέξανδρος. 3. Ἔχει ὁ Ἀλέξανδρος ἄνθη ἐν ταῖς χερσίν. 4. Οὐκ ἔστιν ἱλαρὰ ἡ Ῥόδη. Καταφρονεῖ γὰρ τοῦ Ἀλεξάνδρου ἡ Ῥόδη.

Describe what is happening in each picture from beginning to end.
Εἰς χώραν μακρὰν ὑπάγει ἡ Ῥόδη. Φέρει δὲ τὰς πήρας ἐν ταῖς χερσί. Τότε βούλεται ἀποτάξασθαι τῇ Ῥόδῃ ὁ Ἀλέξανδρος ἀλλ' οὐκ ἔστιν ἱλαρὰ ἡ Ῥόδη, ὑπερήφανος γάρ ἐστιν καὶ οὐδὲν λέγει τῷ Ἀλεξάνδρῳ. Ἐμβαίνει οὖν ἡ νεᾶνις εἰς τὴν ἅμαξαν καὶ μετάγει αὐτὴν εἰς τὸν λιμένα. Ἐκεῖ προσδοκᾷ τὸ πλοῖον. Ἐμβαίνει οὖν εἰς τὸ πλοῖον ἡ Ῥόδη καὶ ἀσπάζεται αὐτὴν ὁ ναύτης. Αὐτὴ δὲ οὐ βλέπει εἰς αὐτόν, ὑπερήφανος γάρ ἐστιν. Ἱλαρὰ δέ ἐστιν ὅτι πορεύεται εἰς χώραν μακράν. Νῦν ἡ Ῥόδη ἐν μέσῳ τῆς θαλάσσης ἐστίν. Κάθηται οὖν καὶ ἀναγινώσκει βιβλίον ἡ Ῥόδη. Φαίνει δὲ ὁ ἥλιος ἐν τῷ οὐρανῷ. Τότε εἰς τὴν θάλασσαν βλέπει ἡ Ῥόδη. Ἱλαρά ἐστιν. Καλή ἐστιν ἡ θάλασσα ἀλλὰ τὰ κύματα μεγάλα ἐστίν. Ἔρχεται οὖν τὸ πλοῖον εἰς τὸν λιμένα. Προσδοκᾷ ἐκεῖ τὴν Ῥόδην ὁ Ἀλέξανδρος, ἔχει δὲ ἄνθη ἐν ταῖς χερσίν. Ἀλλ' οὐκ ἔστιν ἱλαρὰ ἡ Ῥόδη. Καταφρονεῖ γὰρ τοῦ Ἀλεξάνδρου.

Chapter 15

Questions
1. Βουκέφαλος ἵππος ἐστίν. 2. Οὐκ ἔστιν ἀγαθὸς ὁ Βουκέφαλος ἀλλὰ κακός. 3. Οὔ. Δύσκολος γάρ ἐστι ὁ Βουκέφαλος. 4. Ὁ Βουκέφαλος τοῦ Ἀλεξάνδρου ἵππος ἐστί. 5. Μάλιστα, ἰσχυρός ἐστιν ὁ Βουκέφαλος. 6. Οὐ ἀκούει τοῦ δούλου ὁ Βουκέφαλος, ἵππος γὰρ βασιλικός ἐστιν. 7. Σκληρὰν ἔχει τὴν κεφαλὴν ὁ Βουκέφαλος.

Exercise Α΄

1. Ὁ κάλαμος ἐπὶ τῷ βιβλίῳ ἐστίν. 2. Ὁ βασιλεὺς καθίζει ἐπὶ τὸν θρόνον. 3. Ἀνάγνωθι τὸ βιβλίον. 4. Βούλομαι τρέχειν ἐν τῷ σταδίῳ. 5. Τὰ δένδρα καλά ἐστιν ἐν τῷ κήπῳ. 6. Ἀκούετε τοῦ διδασκάλου. 7. Πολλοὶ ἵπποι εἰσὶν ἐν τῷ σταθμῷ. 8. Οἱ δοῦλοι τοῦ Ἀλεξάνδρου καλοί εἰσιν.

Exercise Β΄

1. Ἅψασθε τῶν καλάμων. 2. Δὸς τὰ πινακίδια καὶ τὰ ἔσοπτρα τῷ Φιλίππῳ. 3. Ἐξ ἄλλου ποτηρίου θέλω πιεῖν. 4. Τί ἐστιν γεγραμμένον ἐν τῷ βιβλίῳ; 5. Ἐλισάβετ καὶ Ζαχαρίας Ἰουδαῖοί εἰσιν. 6. Ὁ Νεῖλος καὶ ὁ Εὐφράτης καὶ ὁ Τίγρις ποταμοί εἰσιν. 7. Χαῖρε, Τέρτυλλε. 8. Τί λέγει ἡ Βερνίκη τοῖς δούλοις; 9. Νικόλαος· Χαῖρε, μῆτερ. Μάρθα· Χαῖρε, υἱέ. 10. Φ.· Βλέπεις τὸν τοῖχον; Ν.· Ναί, βλέπω αὐτόν. 11. Πᾶς ἄνθρωπος δύο ὀφθαλμοὺς ἔχει. 12. Πίνουσιν οἶνον οἱ ἄνθρωποι ἐν τῷ καπηλείῳ.

Exercise Γ΄

1. Ὁ Βουκέφαλος τὰ καλὰ δῶρα μισεῖ. 2. Βλέπει ἡ Ῥόδη εἰς τὰ καλὰ ἔσοπτρα. 3. Οἱ ἄνθρωποι ὀλίγοι εἰσίν. 4. Ἐγὼ πτωχός εἰμι. 5. Ἡμεῖς ἰσχυροί ἐσμεν. 6. Ὑμεῖς Ἰουδαῖοί ἐστε. 7. Σὺ πτωχὸς εἶ.

Exercise Δ΄

1. Καθίσατε ἐπὶ τὰς καινὰς καθέδρας. 2. Ἀκούομεν τοῦ σοφοῦ διδασκάλου. 3. Ἡ πήρα ἐστὶν σκληρά. 4. Οἱ διδάσκαλοί εἰσιν Ἰουδαῖοι. 5. Αἱ τράπεζαί εἰσιν λευκαί. 6. Ἅψασθε τῶν χλωρῶν δένδρων.

Exercise Ε΄
Τὰ ἐγκαίνια

Ἀντίοχος βασιλεύς ἐστιν καὶ ἐν τῇ Συρίᾳ καὶ ἐν τῇ Ἰουδαίᾳ. Ἰσχυρὸς γάρ ἐστιν καὶ κακός.
Ἀντίοχος· Ἐγὼ βασιλεύς εἰμι.
Ὁ δὲ Ἀντίοχος μόνον τοὺς Ἕλληνας φιλεῖ. Καθίζει οὖν ἐπὶ τὸν καλὸν ἵππον αὐτοῦ καὶ ἔρχεται καὶ λαλεῖ τοῖς Ἰουδαίοις ·
Ἀντίοχος· Ἀκούσατέ μου· δεῖ πάντας ὑμᾶς Ἕλληνας γίνεσθαι. Οἱ γὰρ θεοὶ πολλοί εἰσιν καὶ ὁ νόμος τῶν Ἰουδαίων κακός.
Ἱερεύς τις· Ὧδέ ἐστιν τὸ ἱερὸν ἡμῶν. Ὁ Θεὸς ἡμῶν Θεὸς εἷς ἐστιν καὶ ἅγιος ὁ νόμος ἡμῶν.
Κρούουσιν οὖν ἐπὶ τὴν θύραν τοῦ ἱεροῦ ὁ Ἀντίοχος καὶ οἱ στρατιῶται αὐτοῦ.
Ἄλλος ἱερεύς (ἑβραιστί)· Εἰρήνη ὑμῖν. Ὑμεῖς οὐ δύνασθε εἰσελθεῖν εἰς τὸ ἱερὸν ἡμῶν.

Ἀντίοχος· Σιγᾶτε. Λαλεῖτε ἑλληνιστί.

Οἱ ἱερεῖς· Οὐχί, οὐχί.

Τύπτουσιν οὖν τοὺς Ἰουδαίους οἱ Ἕλληνες στρατιῶται καὶ ἀνατρέπουσιν πάντα ἐν τῷ ἱερῷ.

Ἀντίοχος· Σιγᾶτε. Ἀκούσατέ μου. Μόνος ἐγὼ βασιλεύς εἰμι. Νῦν τοῦτο τὸ ἱερὸν ἐμόν ἐστιν.

Ἀνίσταται (= 'rises') Ματταθίας, ἄνθρωπος ἔνδοξος καὶ ἀγαθός. Ματταθίας δὲ ἔχει στρατιώτας ἰσχυρούς. Πάντες προσέρχονται πρὸς τὸν Ἀντίοχον καὶ πρὸς τοὺς Ἕλληνας.

Ματταθίας· Ἐγὼ Ματταθίας εἰμί. Ἐξέλθετε ἐκ τῆς γῆς ἡμῶν.

Οἱ Ἕλληνες· Οὐχί, οὐχί.

Πολεμοῦσιν οὖν πάντες. Τύπτουσιν δὲ καὶ κρατοῦσιν τοὺς Ἕλληνας οἱ Ἰουδαῖοι.

Ματταθίας· Νῦν μέλλομεν καθαρίσαι τὸ ἱερόν. Οὐκ ἔστιν τάξις ὧδε.

Πάντες οὖν καθαρίζουσιν καὶ κοσμοῦσιν τὸ ἱερόν.

Ματταθίας· Αὕτη ἡ ἡμέρα ἔσται (= 'will be') ἡ ἑορτὴ τῶν ἐγκαινίων. Μακάριοι οἱ ἄνθρωποι ἐν Ἰσραήλ.

Questions

1. Τῇ κεφαλῇ κακοπαθεῖ ὁ Φίλιππος. 2. Εἰς τὴν κοίτην ἐστὶν νῦν ὁ Φίλιππος. 3. Καλεῖ ἰατρὸν πλούσιον καὶ σοφὸν ἡ μήτηρ αὐτοῦ. 4. Λέγει ὁ ἰατρὸς ὅτι αὕτη ἡ ἀσθένεια οὐκ ἔστιν πρὸς θάνατον. 5. Φάρμακον χρηστὸν δίδωσι τῷ Φιλίππῳ ὁ ἰατρός. 6. Κομψότερον ἔχει ὁ Φίλιππος μετὰ τὸ λαβεῖν τὸ φάρμακον. 7. Ἀπὸ τῆς ὥρας ἐκείνης ἰάθη ὁ Φίλιππος.

Exercise ϛ´

1. Αἱ μαθήτριαι Ῥωμαῖαί εἰσιν. 2. Ἡ μαθήτρια Ῥωμαῖά ἐστιν. 3. Αἱ μητέρες πλούσιαί εἰσιν. 4. Ἡ νῆσος μικρά ἐστιν. 5. Καθ᾽ ἡμέραν μανθάνει ὁ ἀγαθὸς μαθητής. 6. Ἀκούουσιν τοῦ διδασκάλου οἱ ἀγαθοὶ μαθηταί. 7. Βλέπω τὴν μακρὰν ὁδόν. 8. Αἱ καλαὶ ὁδοὶ ἐν τῇ Γαλιλαίᾳ πολλαί εἰσιν. 9. Σίμων· Πόσας νήσους βλέπεις; Ἀλέξανδρος· Μόνον νῆσον μίαν βλέπω. 10. Ἡ ῥάβδος καλή ἐστιν. 11. Ἡ μήτηρ πλουσία ἐστίν.

Exercise Ζ´

1. Ποῦ πορεύεται Χριστόφορος; Πρὸς σκληρὰν καὶ δύσκολον χώραν πορεύεται ὁ Χριστόφορος. 2. Διὰ τί; Ὅτι πλούσιος οὐκ ἔστιν καὶ χρείαν ἔχει ἐργάζεσθαι ἐκεῖ. 3. Τί ποιεῖ ὁ Χριστόφορος ἐν τῇ πορείᾳ; Κάθηται ἐν τῷ πλοίῳ ἐπὶ καθέδραν κροκίνην καὶ μαλακὴν καὶ βλέπει εἰς τὰς καλὰς καὶ λεπτὰς νήσους. 4. Ποταπὴν πήραν φέρει; Φέρει πήραν κυανὴν καὶ λεπτήν. 5. Ποταπὸν πέτασον

φορεῖ; *Φορεῖ πέτασον μαλακόν.* 6. Ποταποῦ βιβλίου ἅπτεται; *Ἅπτεται βιβλίου καλοῦ καὶ σοφοῦ.* 7. Ποταπῷ σημείῳ προσέχει; *Προσέχει σημείῳ φοινικῷ.* 8. Ποταποὺς ἀνθρώπους ἀσπάζεται; *Ἀσπάζεται ἀνθρώπους πλουσίους καὶ ἰσχυρούς.* 9. Ποταποῖς φίλοις ἀποτάσσεται; *Ἀποτάσσεται φίλοις ἀγαθοῖς καὶ πτωχοῖς.* 10. Ποταπὰ δῶρα ἀγοράζει; *Ἀγοράζει δῶρα καλὰ καὶ πλούσια.* 11. Ποταπαῖς γυναιξὶ ὀργίζεται; *Ὀργίζεται γυναιξὶ σκληραὶ καὶ αἰσχραί.* 12. Ποταπῶν ἀνθρώπων μνημονεύει; *Μνημονεύει ἀνθρώπων μωρῶν καὶ ἁμαρτωλῶν.* 13. Ποταπῆς οἰκίας μνημονεύει; *Μνημονεύει οἰκίας μικρᾶς καὶ φαιᾶς.* 14. Ποταπῇ γλώσσῃ λαλεῖ; *Λαλεῖ γλώσσῃ καλῇ καὶ πλουσίᾳ.* 15. Ποταπὰς ὑδρίας πίνει; *Πίνει ὑδρίας μικρᾶς καὶ λεπτάς.* 16. Ποταπῶν τραπεζῶν ἅπτεται; *Ἅπτεται τραπεζῶν λευκῶν καὶ μακρῶν.*

Exercise H´
5. Περιπατῶ μέχρι τῆς θαλάσσης καὶ ἐμβαίνω εἰς πλοῖον. Εἶτα δὲ ἀποπλέω εἰς τὴν Αἴγυπτον, καταβαίνω δὲ ἀπὸ τοῦ πλοίου ἐν τῇ Ἀλεξανδρείᾳ. 6. Ἐμβαίνω εἰς πλοῖον καὶ ἀποπλέω μέχρι τῆς Σπανίας εἰς τὸ πέραν τῆς ἔσω θαλάσσης. Ἐκεῖ δὲ καταβαίνω ἀπὸ τοῦ πλοίου. 7. Ἐμβαίνω εἰς πλοῖον ἐν τῷ λιμένι τῆς Ῥαβέννας καὶ ἀποπλέω μέχρι τῆς Ἑλλάδος. Ἐκεῖ δὲ καταβαίνω ἀπὸ τοῦ πλοίου. 8. Ἐξέρχομαι ἐκ Ναζαρὲθ καὶ εἰς ἀνατολὰς περιπατῶ μέχρι τῆς Τιβεριάδος· ἐκεῖ δὲ πρὸς τὴν θάλασσαν τῆς Γαλιλαίας εἰμί.

Chapter 16
Exercise A´
1. Σὺ τίθης τὸν κάλαμον ἐπὶ τὴν τράπεζαν. 2. Ἄρτον δίδωσιν ἡμῖν ὁ Θεός. 3. Δίδωμι αὐτῷ δέκα δραχμάς. 4. Δείκνυσι ἡμῖν ἵππον. 5. Δείκνυς ἡμῖν τὴν οἰκίαν. 6. Ἄρτον καὶ οἶνον τίθησι ὁ δοῦλος ἐπὶ τὴν τράπεζαν. 7. Σὺ δῶρα δίδως αὐτοῖς. 8. Ἐγὼ ὧδε τίθημι τὰ βιβλία.

Exercise B´
1. Ὑμεῖς τίθετε τὸν κάλαμον ἐπὶ τὴν τράπεζαν. 2. Ἀργύριον διδόασιν ἡμῖν οἱ οἰκοδεσπόται. 3. Δίδομεν αὐτῷ δέκα δραχμάς. 4. Δεικνύασιν ἡμῖν ἵππον. 5. Δείκνυτε ἡμῖν τὴν οἰκίαν. 6. Ἄρτον καὶ οἶνον τιθέασιν οἱ δοῦλοι ἐπὶ τὴν τράπεζαν. 7. Δίδοτε αὐτοῖς δῶρα. 8. Ὧδε τίθεμεν τὰ βιβλία.

Exercise Γ´
See p. 247-248 (Volume 1).

Exercise Δ´
1. Τῷ ποιμένι ἐγὼ ἀνοίγω. Ἐγὼ τῆς φωνῆς αὐτοῦ ἀκούω. Ἐγὼ τὰ ἴδια πρόβατα ἐξάγω (...). Ἔμπροσθεν αὐτῶν ἐγὼ πορεύομαι καὶ δείκνυμι / δεικνύω αὐτοῖς τὴν ὁδόν. 2. Σὺ λέγεις ὅτι σὺ εἶ ἡ θύρα τῶν προβάτων. Σὺ εἶ ὁ ποιμὴν ὁ καλός· σὺ τὴν

ψυχήν σου τίθης ὑπὲρ τῶν προβάτων. 3. Ἡμεῖς θεωροῦμεν τὸν λύκον ἐρχόμενον καὶ ἀφίεμεν τὰ πρόβατα καὶ φεύγομεν. 4. Ὑμεῖς ἀρπάζετε αὐτὰ καὶ σκορπίζετε, ὅτι μισθωτοί ἐστε καὶ οὐ μέλει ὑμῖν περὶ τῶν προβάτων. Καὶ οἱ ἄνθρωποι ἁρπάζουσι αὐτὰ καὶ σκορπίζουσι, ὅτι μισθωτοί εἰσιν καὶ οὐ μέλει αὐτοῖς περὶ τῶν προβάτων.

Exercise E´

1. Τί ποιοῦσιν οὗτοι; Λαμβάνουσι τὸν κάλαμον καὶ ἀφίουσιν αὐτὸν ἐπὶ τὴν τράπεζαν. 2. Τί ποιοῦσιν ἐκεῖνοι; Διδόασιν αὐτῷ τὸν κάλαμον καὶ ἀκούουσιν. 3. Τί ποιεῖ ἐκεῖνα τὰ πρόβατα; Ἀκολουθεῖ τῷ ποιμένι καὶ ἀκούει αὐτοῦ. 4. Τί ποιοῦσιν οὗτοι; Τιθέασι τὸν κάλαμον ἐπὶ τὴν τράπεζαν καὶ καθίζουσιν. 5. Τί ποιεῖ ἐκεῖνα τὰ παιδία; Κρούει καὶ λαλεῖ φωνῇ μεγάλῃ. 6. Τί ποιοῦσιν οὗτοι; Κλείουσι τὴν θύραν καὶ περιπατοῦσιν. 7. Τί ποιοῦσιν ἐκεῖνοι; Γράφουσιν ἑλληνιστὶ καὶ προσέχουσι τῷ διδασκάλῳ.

Exercise ϛ´

1. Οὐ βούλεται ἀκούειν ὁ μαθητής; Ἀναστήτω καὶ ἐξελθέτω. 2. Ἀναγινώσκει βιβλίον ἐν μέσῳ τοῦ διδάγματος; Μὴ ἀναγνώτω τὸ βιβλίον καὶ ἀκουσάτω. 3. Ζητεῖς διδάσκαλον; Δειξάτω σοι διδάσκαλον ὁ Νικόλαος. 4. Βούλεται εἰσελθεῖν εἰς τὸ δίδαγμα; Εἰσελθέτω καὶ καθισάτω. 5. Οὐκ ἀκούει ὁ μαθητής; Ἐλθέτω καὶ γραψάτω τὸ ὄνομα αὐτοῦ ἐν τῷ πινακιδίῳ. 6. Κρούει τις; Ἀναστήτω ὁ Νικάνωρ καὶ ἀνοιξάτω τὴν θύραν. 7. Κατάκοπός ἐστιν ἡ Ῥόδη; Ἀνοιξάτω βιβλίον καὶ ἀναγνώτω. 8. Πολὺ λαλεῖ ὁ Φίλιππος; Σιγάτω καὶ ἀκουσάτω.

Exercise Z´

1. Ἀνοιξάτω ὁ Παῦλος τὴν θυρίδα. Ἀνοιξάτωσαν ὁ Παῦλος καὶ ὁ Φίλιππος τὴν θυρίδα. 2. Κλεισάτω ὁ Παῦλος τὴν θυρίδα. Κλεισάτωσαν ὁ Παῦλος καὶ ὁ Φίλιππος τὴν θυρίδα. 3. Ἀναγνώτωσαν οἱ μαθηταὶ τὸ βιβλίον. 4. Ἐλθέτω ὧδε ὁ Παῦλος. Ἐλθέτωσαν ὧδε οἱ λοιποὶ μαθηταὶ καὶ γραψάτωσαν τὸ ὄνομα αὐτῶν ἐπὶ τῷ πίνακι.

Chapter 17

Questions A´

1. Πῶς τρέχεις; Τοῖς ποσὶν τρέχω. 2. Πῶς διαγράφεις; Τοῖς δακτύλοις διαγράφω. 3. Πῶς γελᾷς; Τῷ στόματι γελῶ. 4. Πῶς ἐσθίεις; Τῷ στόματι ἐσθίω. 5. Πῶς ἀναγινώσκεις; Τοῖς ὀφθαλμοῖς ἀναγινώσκω. 6. Πῶς λαλεῖς; Τῇ γλώσσῃ λαλῶ. 7. Πῶς ὀσφραίνῃ; Τῇ ῥινὶ ὀσφραίνομαι. 8. Πῶς ἅπτῃ τῆς τραπέζης; Τῷ δακτύλῳ ἅπτομαι τῆς τραπέζης. 9. Πῶς ψηλαφᾷς τὸ ἀργύριον; Τῇ χειρὶ ψηλαφῶ τὸ ἀργύριον. 10. Πῶς ἀγαπᾷς; Τῇ καρδίᾳ ἀγαπῶ.

Questions Β ´

1. Τοῖς ὀφθαλμοῖς αὐτοῦ βλέπει εἰς τὸν δοῦλον ὁ Βουκέφαλος. 2. Λέγει τῷ Βουκεφάλῳ ὁ δοῦλος· Βουκέφαλε, ἐλθὲ πρὸς τὸν σταθμόν. 3. Οὐδὲν ἀποκρίνεται ὁ Βουκέφαλος ἀλλὰ πολὺ λογίζεται. 4. Ὅτι τοὺς λοιποὺς ἵππους μισεῖ. 5. Ὁ δοῦλος ἕλκει ἐκ τοῦ σχοινίου. 6. Οὔ. Οὐδεὶς γὰρ λόγος εἰσέρχεται εἰς τὴν καρδίαν τοῦ Βουκεφάλου. 7. Τρέχει εἰς τὴν ὁδὸν ὁ δοῦλος καὶ κράζει μετὰ τὸν ἵππον.

Exercise Α ´

1. Ἡ κεφαλή. 2. Ἡ ῥίς. 3. Ὁ δάκτυλος. 5. Ὁ πούς. 6. Ἡ χείρ. 7. Τὸ στόμα. 8. Τὸ ὠτίον. 9. Ὁ ὀφθαλμός. Τῷ Χριστοφόρῳ εἰσὶν δύο ὀφθαλμοὶ καὶ δύο πόδες καὶ δύο ὠτία καὶ δέκα δάκτυλοι καὶ κεφαλὴ μία.

Exercise Β ´

1. Ἀνοίγω τὴν θύραν. 2. Εὐχαριστῶ τῷ Θεῷ. 3. Γράφω ἐπιστολήν. 4. Ἐσθίω τὸν ἄρτον. 5. Ἀναγινώσκω τὸν νόμον τοῦ Μωϋσέως. 6. Ἀκούω τοῦ διδασκάλου. 7. Μανθάνω τὴν ἑλληνικὴν γλῶσσαν. 8. Πίνω οἶνον. 9. Ἅπτομαι τῆς κεφαλῆς. 10. Ἀκολουθῶ Ἀριστοτέλει τῷ φιλοσόφῳ. 11. Βάλλω τὴν σφαῖραν. 12. Ἔχω δέκα δραχμάς.

Exercise Γ ´

1. Ἀναγινώσκομεν τὸ βιβλίον. 2. Ἔρχεται Φίλιππος καὶ αὐτὸς κρούει τὴν θύραν. 3. Ἀνοίγουσιν τὰς ὑδρίας. 4. Ἐσθίετε τὸν ἄρτον. 5. Ἀκούουσιν τοῦ διδασκάλου. 6. Εὐχαριστοῦμεν τῷ Θεῷ. 7. Βλέπω τοὺς ποταμούς. 8. Κλείεις τὴν μεγάλην θύραν. 9. Παῦλος ἀκούει τῶν μαθητριῶν. 10. Γινώσκομεν τὴν ἑλληνικὴν γλῶσσαν. 11. Ἅπτομαι τοῦ δένδρου. 12. Ἔχομεν τὰς δραχμὰς ἀλλὰ ζητοῦμεν τὰ δηνάρια. 13. Ἀκολουθοῦσιν τῷ σοφῷ διδασκάλῳ. 14. Θέλω πιεῖν τὸν οἶνον καὶ φαγεῖν τὸν τυρόν. 15. Δὸς αὐτῷ τὸν κάλαμον. 16. Συνίημι τὸν λόγον. 17. Τῷ Ἀλεξάνδρῳ γράφω ἐπιστολήν. 18. Βάλε τὴν σφαῖραν τῇ Βερνίκῃ.

Exercise Δ ´

1. Κλείει τὰς θύρας ἡ Βερνίκη. 2. Βλέπομεν τὴν νῆσον. 3. Ἀκούουσιν τῆς κυρίας οἱ δοῦλοι. 4. Ζητεῖτε τὰς δραχμάς. 5. Λαλεῖ τοῖς ἀνθρώποις ὁ προφήτης. 6. Ἀναγινώσκομεν τὰς ἐπιστολάς. 7. Ἀκολουθοῦσιν τῷ διδασκάλῳ οἱ μαθηταί. 8. Μανθάνετε τὴν ἑλληνικὴν γλῶσσαν. 9. Εὐχαριστοῦμεν τῇ Πρισκίλλῃ. 10. Ἅπτομαι τῶν χλωρῶν βιβλίων. 11. Φιλεῖτε οἶνον. 12. Γράφεις ἐπιστολὴν τῷ Φιλίππῳ.

Exercise Ε´

1. Ἐν τῷ μεγάλῳ σταθμῷ βλέπει ὁ Βουκέφαλος ἵππον καλὸν ἀλλὰ τοῖς ἵπποις οὐ λαλεῖ ὁ Βουκέφαλος. Τοῖς καλοῖς ὀφθαλμοῖς αὐτοῦ βλέπει εἰς τὸν σταθμὸν ὁ Βουκέφαλος καὶ ἐμβριμᾶται καὶ ἐκφεύγει. 2. Ἐν τῇ καλῇ οἰκίᾳ βλέπει ἡ Ῥόδη ἔσοπτρα καλὰ καὶ οὐκ ἐκφεύγει. Τοῖς γὰρ ἐσόπτροις λαλεῖ ἡ Ῥόδη. Τοῖς καλοῖς δακτύλοις αὐτῆς κρατεῖ τὰ ἔσοπτρα ἡ Ῥόδη καὶ γελᾷ. 3. Ἐν τῷ μεγάλῳ καπηλείῳ βλέπει ὁ Νικόλαος ποτήρια οἴνου καὶ εἰσέρχεται. Τοῖς ποτηρίοις οὐ λαλεῖ ὁ Νικόλαος ἀλλὰ πίνει τὸν οἶνον αὐτῶν.

Exercise ς´

1. Βουκέφαλος ἵππος δύσκολός ἐστιν. 2. Βλέπω τὸν Βουκέφαλον ἐν τῷ σταθμῷ. 3. Οἱ ὀφθαλμοὶ τοῦ Βουκεφάλου κακοί εἰσιν. 4. Τῷ Βουκεφάλῳ οὐδὲν δίδωμι. 5. Ἵππος γὰρ κακός ἐστιν. Ἐγὼ δὲ τοὺς ἵππους οὐ φιλῶ. 6. Σκληρὰ γάρ ἐστιν καὶ φρόνιμος καὶ δύσκολος ἡ κεφαλὴ τῶν ἵππων. 7. Τοῖς οὖν ἵπποις οὐ λαλῶ.

Exercise Ζ´

1. Ἡ ἑλληνικὴ γλῶσσα δύσκολός ἐστιν. 2. Ἡ ὁδὸς εὔκοπός ἐστιν. 3. Αἱ μαθήτριαι ταλαίπωροί εἰσιν. 4. Οἱ διδάσκαλοι ἄσοφοί εἰσιν. 5. Ἐγὼ ἄσοφός εἰμι. 6. Σὺ φρόνιμος εἶ. 7. Ὑμεῖς ὑπερήφανοί ἐστε.

Exercise Η´

Βουκέφαλος ἵππος δύσκολός ἐστιν. Καταφρονεῖ γὰρ τῶν ἵππων τῶν ταπεινῶν καὶ μωρῶν. Αὐτὸς δὲ δοκεῖ φρόνιμος εἶναι. Ἀλέξανδρος δὲ ἀγαπᾷ αὐτόν. Ἔνδοξος γάρ ἐστιν ὁ Βουκέφαλος ὅτι πολλάκις πρῶτος ἐγένετο ἐν τῷ ἱπποδρόμῳ. Ταχέως δὲ τρέχει ἐν ταῖς στεναῖς ῥύμαις τῶν παλαιῶν πόλεων καὶ ἐν ταῖς ὁδοῖς ταῖς εὐρυχώροις. Πολύτιμός ἐστιν ὁ Βουκέφαλος· πολλοὶ γὰρ βούλονται ἀγοράσαι αὐτόν. Ὅταν Βουκέφαλος ἀσθενῇ, περίλυπός ἐστιν ὁ Ἀλέξανδρος. Ὅταν δὲ ὑγιαίνῃ, ἱλαρός ἐστιν ὁ κύριος αὐτοῦ. Φιλεῖ οὖν ὁ Ἀλέξανδρος ἵππον ὑπερήφανον. Οὐ γὰρ ἀκούει Βουκέφαλος τῶν ἀγνώστων ἀνθρώπων ἀλλὰ μόνον τῶν βασιλέων.

Exercise Θ´

1. Ἀνάγνωθι τὰς δυσκόλους ἐπιστολάς. 2. Τέσσαρες μαθήτριαι φρόνιμοι ἐν τῇ δυσκόλῳ σχολῇ τῆς ἑλληνικῆς γλώσσης εἰσίν. 3. Ἆρα γινώσκετε ταύτην τὴν ὑπερήφανον μαθήτριαν, ἥτις ἔχει τὴν λαμπρὰν πήραν; 4. Οὐ θέλω ὑπάγειν εἰς τὴν δύσκολον ὁδόν. 5. Γράφει ὁ Τιμόθεος δύο μακρὰς καὶ δυσκόλους ἐπιστολὰς τῇ γαλλικῇ γλώσσῃ. 6. Χαῖρε, ὦ φρόνιμε Σαλώμη.

Exercise I΄

1. Ἐν τῷ μεγάλῳ σταθμῷ βλέπει ὁ Βουκέφαλος ἵππους καλοὺς ἀλλὰ τοῖς ἵπποις οὐ λαλεῖ ὁ Βουκέφαλος. Τοῖς μεγάλοις ὀφθαλμοῖς αὐτοῦ βλέπει εἰς τοὺς πολλοὺς ἵππους ὁ Βουκέφαλος καὶ ἐμβριμᾶται καὶ ἐκφεύγει. 2. Ἐν τῇ μεγάλῃ οἰκίᾳ βλέπει ἡ Ῥόδη ἔσοπτρα πολλὰ καὶ μεγάλα καὶ οὐκ ἐκφεύγει. Πολλοῖς γὰρ ἐσόπτροις λαλεῖ ἡ Ῥόδη. Τοῖς μεγάλοις ὀφθαλμοῖς αὐτῆς βλέπει εἰς τὰ ἔσοπτρα ἡ Ῥόδη καὶ γελᾷ. 3. Ἐν τῷ μεγάλῳ καπηλείῳ βλέπει ὁ Νικόλαος μεγάλα ποτήρια οἴνου καὶ εἰσέρχεται. Τοῖς ποτηρίοις οὐ λαλεῖ ὁ Νικόλαος ἀλλὰ πίνει οἶνον πολύν.

Chapter 18

Exercise A΄

1. Πολὺ ὀργιζόμεθα. 2. Περιβαλλόμεθα τὸ ἱμάτιον ἡμῶν. 3. Ἐπισκεπτόμεθα τὸν φίλον εἰς τὴν φυλακήν. 4. Διερχόμεθα τὴν Σικελίαν. 5. Νεανίσκοι ἐσμὲν καὶ γινόμεθα ἄνδρες.

Exercise B΄

1. Ὀσφραίνεσθε τοῦ οἴνου; 2. Καλῶς ἀποκρίνεσθε, μαθήτριαι. 3. Διὰ τί ὀργίζεσθε; 4. Διὰ τί οὐδὲν ἀποκρίνεσθε; 5. Ὑμεῖς πάντοτε λαλεῖτε καὶ διϊσχυρίζεσθε. 6. Πάντοτε πίνετε καὶ μεθύσκεσθε. Οὐχί. Φιλόσοφοί ἐσμεν καὶ οὐδέποτε πίνομεν οὐδὲ μεθυσκόμεθα.

Exercise Γ΄

1. Εἰς τὴν Γαλλίαν πορεύεται ὁ μαθητής. 2. Ὀργίζεται ἡ μαθήτρια. 3. Ὁ φιλόσοφος οὐδέποτε μεθύσκεται. 4. Ἐρώτημα ἔχω · ποῦ ἐργάζεται οὗτος; Δοκῶ ὅτι ἐν τῷ καπηλείῳ. Κάπηλος γάρ ἐστιν.

Exercise Δ΄

See p. 281 (Volume 1).

Exercise E΄

1. Ἔρχομαι εἰς τὴν οἰκίαν καὶ δῶρον προσφέρω. 2. Πολὺ ὀργίζεται καὶ κλαίει. 3. Μαίνῃ. Ἀργύριον γὰρ δίδως μοι. 4. Τί περὶ αὐτῆς δοκεῖς; 5. Τοῦ ἄνθους ὀσφραίνομαι. 6. Ταχὺ ἔρχεται ὁ προφήτης. 7. Δείκνυμί σοι τὴν ὁδόν. 8. Ἐπισκέπτομαι αὐτὸν καὶ δῶρον προσφέρω αὐτῷ. 9. Δίδωσιν αὐτῇ τὸ βιβλίον. 10. Δείκνυσιν τὴν θύραν ὁ μαθητὴς καὶ ἀνοίγει αὐτήν. 11. Τίθημι τὸ ποτήριον ἐπὶ τὴν τράπεζαν καὶ ἐξέρχομαι. 12. Θέλει νῦν καθίσαι ὁ φιλόσοφος καὶ βούλεται λαλεῖν περὶ τῆς καινῆς φιλοσοφίας.

Exercise ϛ´

1. Σήμερον οὐ βούλεται ὁ Στέφανος εἰς τὴν σχολὴν πορευθῆναι.

Μήτηρ· "Εξελθε ἐντεῦθεν, Στέφανε, καὶ πορεύθητι εἰς τὴν σχολήν.

Στέφανος· Οὐ βούλομαι, μῆτερ.

Μήτηρ· Διὰ τί οὐ βούλῃ; Ταχὺ ἔξελθε.

Στέφανος· Οὔτε ἐγὼ οὔτε ὁ φίλος μου Φίλιππος βουλόμεθα εἰς τὴν σχολὴν πορευθῆναι σήμερον.

Μήτηρ· Τί λέγετε ὑμεῖς; "Οτι εἰς τὴν σχολὴν οὐ βούλεσθε πορευθῆναι;

2. Δείξατέ μοι τὴν διαφορὰν οἰκίας παραφρόνων καὶ ταύτης τῆς χώρας; Αὕτη γάρ ἐστιν ἡ διαφορά· ἐν οἰκίᾳ παραφρόνων οὐ μαίνεται ὁ ἡγεμών. Μόνοι οἱ παράφρονες μαίνονται. Οὐ πάντες μαίνονται ἐν τῇ οἰκουμένῃ ἀλλὰ πολλοὶ δοκοῦσιν σώφρονες εἶναι καὶ μαίνονται καὶ πολλοὶ παράφρονες δοκοῦσιν μαίνεσθαι καὶ σωφρονοῦσιν.

Exercise Z´

"Ερχονται οἱ κεκλημένοι εἰς τὸ δεῖπνον καὶ εἰσέρχεται ὁ οἰκοδεσπότης πρὸς αὐτούς. "Εχει δὲ νιπτῆρα καὶ *νίπτει* τοὺς πόδας καὶ τὰς χεῖρας αὐτῶν. Εἷς δὲ ἐκ τῶν κεκλημένων λέγει πρὸς αὐτόν·

Σύ μου *νίπτῃ* τοὺς πόδας; 'Εγὼ δὲ *νίπτομαί* μου τοὺς πόδας.

Λέγει δὲ αὐτῷ ὁ οἰκοδεσπότης· "Αφες με *νίψαι* τοὺς πόδας σου. Κεκλημένος· Οὐχί. "Εκαστος ἡμῶν *νίπτεται* τοὺς πόδας αὐτοῦ. 'Ημεῖς *νιπτόμεθα* τοὺς πόδας ἡμῶν.

Οἰκοδεσπότης· 'Εγὼ εἰμι ὁ οἰκοδεσπότης καὶ ὑμεῖς ἐστε οἱ κεκλημένοι καὶ ἐγὼ *νίπτω* ὑμῶν τοὺς πόδας.

Chapter 19

Exercise A´

1. - Καλῶς. 'Αγοράζω τὸν κάλαμον καὶ κρατῶ αὐτόν. 2. - Καλῶς. Καθίζω καὶ ἀκούω. 3. - Καλῶς. Γράφω τὸ ὄνομά μου ἐπὶ τὸν πίνακα καὶ ὑποστρέφω εἰς τὴν καθέδραν μου. 4. - Καλῶς. Οὐ κράζω οὐδὲ κατάγνυμι πάντα. 5. - Καλῶς. Κλείω τὴν θύραν καὶ ὄμνυμι μὴ εἰσελθεῖν ἔσω.

Exercise B´

1. "Αγαγε τὸν ἵππον σου καὶ φύγε ἐντεῦθεν. 2. Λάβε τὸ ποτήριον καὶ πῖε. 3. Ποῦ ἐστιν διδάσκαλος; Δεῖξόν μοι διδάσκαλον. 4. Εἴσελθε καὶ κάθισον. 5. 'Ελθὲ πρὸς τὸν πίνακα καὶ γράψον τὸ ὄνομά μου. 6. Δράμε καὶ κλεῖσον τὴν θυρίδα. 7. "Ανοιξον τὸ βιβλίον καὶ μάθε τὸ δίδαγμα. 8. Σίγα καὶ ἄκουσον. 9. Βάλε μοι τὴν σφαῖραν καὶ ὑπόστρεψον εἰς τὴν οἰκίαν σου. 10. Εἰπέ μοι τὸ ὄνομα τοῦ διδασκάλου. 11. Περιπάτησον μεχρὶ τοῦ τοίχου καὶ ἔξελθε ἐκ τοῦ οἰκήματος. 12. Δράμε εἰς τὴν πόλιν καὶ ἀγόρασον τὰ βιβλία. 13. "Ιδε τὸ μῆλον· λάβε αὐτὸ καὶ φάγε. 14. Ζήτησον τὸ ἀργύριον καὶ εὑρὲ αὐτό.

Exercise Γ´

1. - Καλῶς. Λαμβάνω τὸν κάλαμον καὶ ἀφίημι αὐτὸν ἐπὶ τὴν τράπεζαν. 2. - Καλῶς. Δίδομέν σοι τὸν κάλαμον καὶ ἀκούομεν. 3. - Καλῶς. Τίθημι τὸν κάλαμον ἐπὶ τὴν τράπεζαν καὶ ὑποστρέφω εἰς τὴν καθέδραν μου. 4. - Καλῶς. Ἀνίσταμαι καὶ ἀναγινώσκω τὴν φράσιν. 5. - Καλῶς. Πορεύομαι εἰς τὴν πόλιν καὶ ἀγοράζω ὑμῖν ἄρτον. 6. - Καλῶς. Ἀκούω καὶ συνίημι τὸ δίδαγμα.

Exercise Δ´

1. Παῦλε, ἄφες τὸν κάλαμον ἐπὶ τὴν τράπεζαν. Παῦλε καὶ Φίλιππε, ἄφετε τὸν κάλαμον ἐπὶ τὴν τράπεζαν. 2. Παῦλε, ἀγόρασον ἄρτους. Παῦλε καὶ Φίλιππε, ἀγοράσατε ἄρτους. 3. Πέτρε καὶ Φίλιππε· προσένεγκέ μοι τὸ βιβλίον. 4. Παῦλε, ἐλθὲ ὧδε. Παῦλε καὶ Φίλιππε, ἔλθετε ὧδε. 5. Παῦλε καὶ Φίλιππε, περιπατήσατε μεχρὶ τοῦ τοίχου.

Exercise Ε´

1. Ἀνάστηθι καὶ ἔξελθε. 2. Σίγα καὶ ἄκουσον. 3. Σίγα καὶ ἀνάγνωθι τὸ βιβλίον. 4. Ποῦ ἐστιν διδάσκαλος; Δεῖξόν μοι διδάσκαλον. 5. Εἴσελθε καὶ κάθισον. 6. Ἐλθὲ πρὸς τὸν πίνακα καὶ γράψον τὸ ὄνομά μου. 7. Ἀνάστηθι καὶ κλεῖσον τὴν θυρίδα. 8. Ἄνοιξον τὸ βιβλίον καὶ ἀνάγνωθι. 9. Βάλε μοι τὴν σφαῖραν καὶ ὑπόστρεψον εἰς τὴν οἰκίαν σου. 10. Δός μοι τὸ πινακίδιόν σου καὶ θὲς τὸν κάλαμον ἐπὶ τὴν τράπεζαν. 11. Ἀνάστηθι καὶ περιπάτησον μεχρὶ τοῦ τοίχου. 12. Πορεύθητι εἰς τὴν πόλιν καὶ ἀγόρασον τὰ βιβλία.

Exercise ϛ´

1. Παῦλε, παρακαλῶ, ἀφίει τοὺς καλάμους καθ᾽ ἡμέραν ἐπὶ τὴν τράπεζαν. Παῦλε καὶ Φίλιππε, παρακαλῶ, ἀφίετε τοὺς καλάμους καθ᾽ ἡμέραν ἐπὶ τὴν τράπεζαν. 2. Παῦλε, κατὰ καιρὸν ἀγόραζε ἄρτους. Παῦλε καὶ Φίλιππε, κατὰ καιρὸν ἀγοράζετε ἄρτους. 3. Πέτρε καὶ Φίλιππε· προσφέρετέ μοι βιβλίον καθ᾽ ἡμέραν. 4. Παῦλε καὶ Φίλιππε, τάχιον περιπατεῖτε. 5. Ἄρτον δίδοτέ μοι καθ᾽ ἡμέραν, ὦ οἰκοδεσπόται.

Exercise Ζ´

1. Περιπάτει ἐν τῇ ῥύμῃ καὶ τρέχε. 2. Σίγα καὶ ἀναγίνωσκε ὅλην τὴν ἡμέραν. 3. Ποῦ εἰσιν διδάσκαλοι ἐν τῇ πόλει; Δείκνυ μοι διδασκάλους. 4. Εἴσελθε εἰς τὸ οἴκημα καὶ δίδασκε. 5. Αἶρε καλάμους καὶ γράφε πᾶσαν τὴν ἡμέραν. 6. Ἄνοιξον τὸ στόμα καὶ λάλει. 7. Κατὰ καιρόν, ἄνοιγε τὰς θύρας καὶ τὰς θυρίδας καὶ κόσμει αὐτάς. 8. Ἐν παντὶ διδάγματι, σίγα καὶ ἄκουε. 9. Βάλλε μοι σφαίρας καὶ πιάζε ὅσας ἂν βάλλω σοι. 10. Παρακαλῶ, δίδου μοι ἀργύριον καθ᾽ ἡμέραν. 11. Κατὰ καιρόν, τίθει ἀργύριον εἰς τὸν κόλπον σου καὶ ἀγόραζε ἐν τῇ ἀγορᾷ. 12. Μὴ λάλει μηδὲ ᾆδε ἐν τῇ ὁδῷ.

Exercise Η΄

1. - Καλῶς. Κρούομεν καὶ λαλοῦμεν φωνῇ μεγάλῃ. 2. - Καλῶς. Κλείω τὴν θύραν καὶ περιπατῶ. 3. - Καλῶς. Γράφομεν ἑλληνιστὶ καὶ προσέχομεν τῷ διδασκάλῳ. 4. - Καλῶς. Ὑπάγω εἰς τὴν θύραν καὶ κρούω πολὺν χρόνον. 5. - Καλῶς. Ἐγὼ βάλλω τὰς σφαίρας καὶ σύ, Νικόλαε, πιάζεις αὐτάς. 6. - Καλῶς. Ἔρχομαι ὧδε καὶ κοσμῶ τὸ οἴκημα.

Exercise Θ΄

Ν.· Καλὴ ἡμέρα. Καῦμα μέγα ἡμῖν σήμερον.

Ὑ.· Ναί. Μέγα γὰρ τὸ καῦμα.

Ν.· Ἆρα ὧδε οἶνον ἢ ζῦθον ἔχετε ;

Ὑ.· Πάλιν τὸ αὐτὸ αἰτεῖς ;

Ν.· Παρακαλῶ, δός μοι ἀμφορέα οἴνου, τὸ γὰρ καῦμα πολύ.

Ὑ.· Ἀλλὰ σὺ οὐδέποτε δαπανᾷς.

Ν.· Ναί, ὅσον ἂν πίω, ἐγὼ μέλλω δαπανῆσαι. Προσένεγκέ μοι οἶνον, παρακαλῶ.

Ὑ.· Πάντων ἐπιλανθάνῃ. Τῇ γὰρ ἔμπροσθεν ἑβδομάδι σὺ διέρηξας καὶ κατέαξας πάντα ὧδε.

Ν.· Οὐχί, οὐχί, σήμερον οὐδὲν μέλλω διαρῆξαι ἐν τῷ καπηλείῳ οὐδὲ κατάξαι. Ὤμοσα δ'ἐγώ.

Ὑ.· Ἀληθῶς ταῦτα οὕτως ἔχει; Ἀλλὰ μόνον ἀμφορέα ἕνα. Σὺ γὰρ πίνεις πολύ.

Ν.· Εὐχαριστῶ σοι, εὐχαριστῶ σοι, σὺ εἶ ὁ φίλος μου ὁ ἀληθινός.

Ὑπάγει οὖν ὁ ὑπηρέτης καὶ μετὰ βραχὺ προσφέρει αὐτῷ ἀμφορέα οἴνου. Μετὰ ὡσεὶ ὥραν μίαν, ὑποστρέφει ὁ ὑπηρέτης πρὸς τὸν Νικόλαον·

Ὑ.· Παρακαλῶ, Νικόλαε, δαπάνησον. Δύο δηνάρια ὀφείλεις.

Ν.· Ἐγὼ κάπηλός εἰμι τούτου τοῦ καπηλείου καὶ οὐ δαπανῶ.

Ὑ.· Πολὺν χρόνον οὐκ ἔχω. Δαπάνησον δή. Εὐθέως δός μοι τὸ ἀργύριον.

Ν.· Μὴ πάλιν εἰπὲ ταῦτα ἐὰν ἔτι βούλῃ ἐργάζεσθαι ἐν τῷ καπηλείῳ μου.

Ὑ.· Δύο δηνάρια ὀφείλεις μοι. Οὐδέποτε δαπανᾷς, μέθυσε.

Ν.· Ἔξελθε ἐκ τοῦ καπηλείου μου, δοῦλε κακέ.

Ὑ.· Σὺ μαίνῃ καὶ μεθύεις, Νικόλαε. Οὐ μακροθυμῶ ἐπὶ σοί. Δὸς οὖν μοι τὸ ἀργύριον.

Ν.· Ἔξελθε δή, κατηραμένε ἄνθρωπε. Δεῦρο, ἔξελθε, κλέπτα καὶ λῃστά.

Ὑ.· Οἰνοπότα αἰσχρέ, νῦν μέλλω κολαφίσαι σε. Δός μοι τὸ ἀργύριον.

Ν.· Τί λέγεις, ὑπηρέτα ῥυπαρέ;

Chapter 20
Exercise A´

1. Γράφεται ἡ ἐπιγραφή. 2. Κλείεται ἡ θύρα. 3. Γινώσκονται οἱ διδάσκαλοι. 4. Ἀκούεται ἡ μαθήτρια. 5. Ἀνοίγεται ἡ θύρα. 6. Ἐκκόπτεται τὰ δένδρα. 7. Εἰς τὴν γῆν βάλλονται οἱ κλάδοι. 8. Βιβλία καὶ κάλαμοι βάλλονται. 9. Ἡ φωνὴ τοῦ ποιμένος ἀκούεται. 10. Βάλλεται ὁ Νικόλαος εἰς τὴν φυλακήν.

Exercise B´

1. Ἀλέξανδρος καὶ Νικάνωρ ἐν τῷ διδάγματί εἰσιν καὶ μετ' ἀλλήλων λαλοῦσιν. Λέγει αὐτοῖς ὁ διδάσκαλος· Σιγᾶτε.
Ἀλέξανδρος· Ἀληθῶς ἐν ἡσυχίᾳ ἐσμέν; Ἀκούῃ σύ, Νικάνωρ, ἢ ἀκούομαι ἐγώ;
Νικάνωρ· Σὺ ἀκούῃ, Ἀλέξανδρε.
2. Ἐν τῇ ῥύμῃ πιάζουσιν σφαῖραν οἱ νεανίαι. Ἔρχονται Φίλιππος καὶ Νικόλαος, αἴρουσιν δὲ τὴν σφαῖραν καὶ φεύγουσιν.
Φίλιππος· Ἆρα ἐκφεύγομεν αὐτούς; Πιάζῃ σύ, Νικόλαε, ἢ πιάζομαι ἐγώ;
Νικόλαος· Πιάζῃ σύ, Φίλιππε.
3. Βουκέφαλος καὶ ἄλλος ἵππος εἰς τοὺς ἀγρούς εἰσιν. Ἔρχεται δὲ ὁ δοῦλος πρὸς αὐτούς.
Ὁ ἄλλος ἵππος· Τί γίνεται νῦν; Ἄγῃ σύ, Βουκέφαλε, εἰς τὸν σταθμὸν ἢ ἄγομαι ἐγώ;
Βουκέφαλος· Σὺ ἄγῃ, ἵππε. Ἐγὼ δὲ ἐκφεύγω.
4. Ἐν τῷ λιμένι, ἀποτάσσονται πολλοὶ νεανίσκοι τῇ Ῥόδῃ καὶ τῇ Βερνίκῃ. Ἀποδημεῖ γὰρ τὰ κοράσια εἰς τὴν Γαλλίαν.
Ῥόδη· Ἆρα οὖν κλαιόμεθα ἀπὸ πάντων, Βερνίκη; Κλαίῃ σὺ ἢ κλαίομαι ἐγώ;
Βερνίκη· Ἐγὼ κλαίομαι, Ῥόδη.
5. Παρὰ τῷ πωλοῦντι κεῖνται ἐπὶ τραπέζῃ δύο κάλαμοι, ὁ εἷς φοινικοῦς καὶ ὁ ἕτερος ποώδης. Ἔρχεται ἄνθρωπος βουλόμενος καλάμους ἀγοράσαι.
Κάλαμος φοινικοῦς· Τίς ἐξ ἡμῶν ἀγοράζεται νῦν; Ἀγοράζῃ σύ, κάλαμε ποῶδες, ἢ ἀγοράζομαι ἐγώ;
Κάλαμος ποώδης· Ἀγοράζῃ σύ, κάλαμε φοινικοῦς.

Exercise Γ´
See p. 318-319 (Volume 1).

Exercise Δ´

1. Εὐχαριστοῦμεν τῷ Θεῷ. 2. Φιλόσοφοι οὐδέποτε ἀποροῦνται. 3. Πολλῶν ἀργυρίων πωλοῦνται οἱ κλοιοί. 4. Κακολογοῦσι πάντας οἱ μαθηταί. 5. Λαλοῦσι πολύ. 6. Ἀναβαίνουσιν ὁ Φίλιππος ἐπὶ τὸ δένδρον καὶ ὁ Νικόλαος καὶ φοβοῦνται.

Exercise E´

1. Μισοῦμαι. 2. Φιλεῖται ἡ Ἰουλία. 3. Πωλοῦνται αἱ καθέδραι. 4. Πανταχοῦ ἀκολουθεῖτε. 5. Φωνεῖται ὁ φίλος. 6. Διὰ τί ἀκολουθούμεθα; 7. Πολὺ φιλῇ.

> *General rule:*
>
> The Attic form can almost always be used in Koine Greek. When it is, it conveys a more sophisticated style.

1) *Phonetics*

Attic –ττ– versus Koine –σσ– (in some cases Attic τ– versus Koine σ–)

Attic	Koine
γλῶττα	γλῶσσα
τέτταρα	τέσσαρα
θάλαττα	θάλασσα
πράττω	πράσσω
τήμερον	σήμερον

Attic –γν– versus Koine –γ–

Attic	Koine
γίγνομαι	γίνομαι
γιγνώσκω	γινώσκω

2) *Morphology*
Verbal forms
Indicative present tenses

Attic	Koine
ἵστημι	ἵστημι, ἱστάνω
δείκνυμι	δείκνυμι, δεικνύω
αὐτοὶ ἀφιᾶσι (verb ἀφίημι)	αὐτοὶ ἀφιᾶσι, αὐτοὶ ἀφίουσι
σὺ δύνῃ	σὺ δύνῃ, σὺ δύνασαι

Imperative mood

Attic	Koine
ἀνάβηθι	ἀνάβηθι, ἀνάβα
ἀνάστηθι	ἀνάστηθι, ἀνάστα
εἰπέ, εἴπετε	εἰπέ, εἰπόν εἴπετε, εἴπατε
εἰπέτω (3rd sg aorist imperative)	εἰπέτω, εἰπάτω
ἐλθέτω	ἐλθέτω, ἐλθάτω
εἰσελθέτω	εἰσελθέτω, εἰσελθάτω
εἰπόντων (3rd pl aorist imperative)	εἰπέτωσαν, εἰπάτωσαν
ἐλθόντων	ἐλθέτωσαν, ἐλθάτωσαν
εἰσελθόντων	εἰσελθέτωσαν, εἰσελθάτωσαν
ἀνοιγόντων	ἀνοιγέτωσαν

Other tenses

Attic	Koine
αὐτοὶ ἴσασι	αὐτοὶ ἴσασι, αὐτοὶ οἴδασι
γέγραπται	γέγραπται, γεγραμμένον ἐστίν

Adjectival forms

Attic	Koine
τρεῖς καὶ δέκα, τέτταρες καὶ δέκα…	δεκατρεῖς, δεκατέσσαρες…
Gen δυοῖν Dat δυοῖν, δυσί	Gen δύο Dat δυσί
μείων	μείων, μικρότερος

Accents

Attic	Koine
ἰδέ, λαβέ	ἴδε, λάβε

3) **Syntax**

Attic	Koine
Τὰ ζῷα τρέχει	Τὰ ζῷα τρέχει, Τὰ ζῷα τρέχουσι
Ἐν τοῖς ἀγροῖς εἰμι	Ἐν τοῖς ἀγροῖς εἰμι Εἰς τοὺς ἀγρούς εἰμι
Πρὸς τῷ ἀγρῷ εἰμι. (In front of / beside)	Πρὸς τῷ ἀγρῷ εἰμι. (In front of) Πρὸς τὸν ἀγρόν εἰμι (Beside)
Φίλιππος ὁ βασιλεύς ἐστιν. (emphasis) Φίλιππος βασιλεύς ἐστιν (without emphasis)	Φίλιππος βασιλεύς ἐστιν.
Τὸ τοῦ Φιλίππου βιβλίον	Τὸ τοῦ Φιλίππου βιβλίον Τὸ βιβλίον τοῦ Φιλίππου
Μέλλετε, μὴ τρέμοντες, λαβεῖν τὴν πόλιν : "You will conquer the city, if you do not tremble"	Μέλλετε, μὴ τρέμοντες, λαβεῖν τὴν πόλιν : "You will conquer the city without trembling/ if you do not tremble" (depending on context).
Μέλλετε, οὐ τρέμοντες, λαβεῖν τὴν πόλιν : "You will conquer the city without trembling."	Μέλλετε, μὴ τρέμοντες, λαβεῖν τὴν πόλιν : "You will conquer the city without trembling/ if you do not tremble" (depending on context).
ἐλθὲ ἐνθάδε	ἐλθὲ ἐνθάδε, ἐλθὲ ὧδε
ὁ κάλλιστος (superlative form)	ὁ κάλλιστος ὁ καλλίων ὁ καλὸς ἐν τοῖς καλοῖς (semitism)

62

4) *Vocabulary*

New words and idioms

Attic	Koine
διὰ παντός	διὰ παντός, πάντοτε
οὔποτε	οὔποτε, οὐδέποτε
ὕλη : "forest"	ὕλη, δρυμός
ἐγρήγορα	ἐγρήγορα, γρηγορῶ
τίς ὥρα;	τίς ὥρα; ποία ὥρα;
πάσχω	πάσχω, κακοπαθῶ
εὐρύς	εὐρύς, εὐρύχωρος
ἑκατοντάρχης	ἑκατοντάρχης, κεντυρίων
ῥάδιος	ῥάδιος, εὔκοπος
χαλεπός	χαλεπός, δύσκολος
νήχω	νήχω, κολυμβῶ
ὑπό τινος under	ὑπό τινος, ὑποκάτω τινός
πρός τινι in front of	πρός τινι, κατέναντί τινος
μετά τινα behind	μετά τινα, ὀπίσω τινός
μακρόθεν	μακρόθεν, ἀπὸ μακρόθεν
ζῦθος	ζῦθος, beer σίκερα, alcoholic drink
βελτίων better	βελτίων, κρείσσων
θᾶττον	θᾶσσον, τάχιον
χαῖρε	χαῖρε, εἰρήνη σοι (semitism)

Change of meaning or acquisition of new senses

Attic	Koine
κοσμῶ to put in order	κοσμῶ to put in order, to clean
κρατῶ, to master	κρατῶ, to master, to seize
ποταπός, from which country	ποταπός, which kind of
δεῦρο, to here	δεῦρο, expression to hasten someone
χόρτος fodder	χόρτος grass

Text translations

Chapter 3, Text 1

Hello, professor!

Christophe:	Hello. I am Christophe.
	Who are you?
Martha:	We are Timon and Martha.
	We are Nicolas's parents.
	And who are you?
	Are you Nicolas's professor?
Christophe:	Yes, I am.
Timon:	Is Nicolas smart?
Martha:	Quiet, Timon! Greek is a beautiful language.
Timon:	Does Nicolas learn much?
Martha:	Quiet, Timon! Nicolas and Alexander are friends.
Christophe:	Yes, Nicolas and Alexander are very good (lit. 'very much') friends.
Timon:	Is Nicolas a good student?
Martha:	Now quiet, Timon! Goodbye, professor.
Christophe:	Goodbye.

Chapter 3, Text 2

Where are you from?

Luke and Phoebe:	Hello.
Martha and Timon:	Hello. How are you?
Luke and Phoebe:	Well.
Martha:	We are Martha and Timon.
	Who are you?
Luke:	We are Luke and Phoebe.
	We are from Germany.
	And where are you from?
Martha:	We are Belgian.
	I am a cook and Timon is a café-owner.
	And you? Who are you?
Luke:	I am a teacher, but the job is unpleasant.

Timon:	Very unpleasant?
Luke:	Yes, very unpleasant. The students are unpleasant.
Phoebe:	And I am a philosopher. Philosophy is a good field.
Martha:	Goodbye. We are going.
Luke and Phoebe:	Goodbye.

Chapter 3, Text 3

From the Gospel of John. The priests question John…

The priests:	Who are you?
John:	I am not the Christ.
The priests:	Who, then? Are you Elijah?
John:	I am not.
The priests:	Are you the Prophet?
John:	No.
The priests:	Who then? What do you say?
John:	I am a voice in the wilderness.
The priests:	Why, then, do you baptize, if you are not the Christ, nor Elijah nor the Prophet?

Chapter 4, Text 1

In the army.

The soldiers walk and the centurion shouts.

Centurion:	One, two, one, two.
	You, the tall one, walk to the wall.
	All of you, walk to the wall.
	One, two, one, two.
	You, the small one, go back to the tree. Quickly, quickly.
	Listen to me.
	All of you, go back to the tree.

The soldiers go back to the tree.

Centurion: One, two, one, two. Halt, all of you. You, the small one. Don't you hear? Halt!
Sit on the ground. You, the small one, listen to me. Quickly, sit.

The short one sits.

Centurion: One, two, one, two. Stand up, all of you. You, the small one. Don't you hear?
Stand up!
Run to the tree. You, the small one, run to the tree.
Halt. Show me your weapons. You, the small one. Don't you hear? Show me your weapons.
Come here, small one. You aren't a soldier. You're a philosopher.

Chapter 4, Text 2

In the boat.

The students row, Christophe does not.

The teacher: One, two, one, two. See the tree there? Row to the tree.
Quickly, quickly. One, two, one, two.
The students: We're tired, teacher.
The teacher: Don't speak to Alexander, Philip.
Row to the tree. Don't say a word.

Philip is silent and does not speak to Alexander.

Philip: I'm tired, teacher.
The teacher: Don't shout, Philip. I hear you well.
Nicolas: I'm thirsty, teacher. I'm thirsty.

Nicolas opens the bag.

The teacher: Look at me, Nicolas. Don't stand up, don't open the bag.
Don't eat the apple, don't drink the cup. Leave the cup, Nicolas. Sit.

Nicolas sits.

Nicolas: I'm tired, teacher. It's unpleasant.
Everyone: We're tired, teacher. It's unpleasant.
The teacher: One, two, one, two. One, two, one, two.
              One, two, one, two. One, two, one, two…

Chapter 4, Text 3

At school.

Teacher:	What is 'glossa'? A noun or a verb? Nicolas, tell me what it is.
Nicolas:	I don't want to say what it is.
Teacher:	Come to the blackboard, Nicolas.
Nicolas:	I don't want to come to the blackboard.
Teacher:	Quickly, Nicolas. Give me your book. Put your book on the chair.
	Leave the pen on the table.
Nicolas:	I don't want to give you the book, or put the book on the chair or leave the pen on the table.
Teacher:	Quickly, Nicolas. Run to the blackboard.
Nicolas:	I can't run to the blackboard. I'm tired.
Teacher:	You're tired? Drink water.
Nicolas:	I don't want to drink water.
Teacher:	What do you mean? (lit. 'what are you saying) Stand up and get out.
Nicolas:	I can't stand up and get out. I'm tired.
Teacher:	Listen to me, Nicolas.
Nicolas:	I don't want to listen to you.
Teacher:	Open the door and go.
Nicolas:	I can't open the door. Where is the key?
Teacher:	I want to shout: "I'm tired".

Chapter 5, Text 1

Show me your hands.

Nestor:	Who's in there? Is it you, Nicolas?
Nicolas:	It's me.
Nestor:	Open, please.
Nicolas:	Don't come into the house, Nestor. Don't open the door.
Nestor:	Knock, knock, knock.
Nicolas:	Don't come into the kitchen, Nestor.
	Why are you opening the door?
Nestor:	What are you looking for here, Nicolas?
Nicolas:	My book.
Nestor:	What do you mean? Are you looking for it here?
	You're stealing.
	Show me your hands.
Nicolas:	Look.
Nestor:	Show me the other hands.
Nicolas:	The others?
Nestor:	Yes, the others.
Nicolas:	Look.
Nestor:	Hold out your right hand. Hold it out.
Nicolas:	Here it is.
Nestor:	Open your hand, open it.
Nicolas:	Look.
Nestor:	Hold out your left (hand).
Nicolas:	Why?
Nestor:	Extend your fingers.
Nicolas:	Look.
Nestor:	Where is the bottle, Nicolas? Show it to me.
Nicolas:	Bottle? What bottle?
Nestor:	Lift your head and stick out your tongue.
Nicolas:	Ahhhhhhhh.
Nestor:	Your tongue is red. Give me the wine, Nicolas.
	Open the bag, Nicolas.
Nicolas:	I can't, Nestor. I can't.

Nestor opens it.

Nestor:	Look, the wine. Look at it, drunkard and thief!

Chapter 5, Text 2

Philip, you don't see us.
Nicanor counts and the other students hide.

Nicanor:	One, two, three, four, five… eleven, twelve, thirteen… twenty, twenty-one, twenty-two, twenty-three… one hundred. Bernike and Rhoda, I see you. Bernike and Rhoda, come out. You're under the table.
Bernike and Rhoda:	You're cheating, Nicanor. You don't see us. We aren't under the table. We're behind the house.
Nicanor:	Nicolas, come out. I see you.
Nicolas:	Do you see me? Where am I?
Nicanor:	What do you mean, Nicolas? I hear you.
Nicolas:	Where am I? Do you see me?
Nicanor:	Yes, yes, I see you. You're in the tree.
Nicolas:	I speak and you hear me and see me. You always fool me.

Chapter 6, Text 1

At the gym, I.

A.   *Nicolas walks and talks on the phone, Philip sits.*

The teacher:	One, two, three, four; one, two, three, four; one, two, three, four… Take the telephone into the hall, Nicolas. Leave the telephone there. Run, don't talk.
Nicolas:	Look, teacher. Alexander is calling me.
The teacher:	Leave the telephone, Nicolas. Get up, Philip, and run.
Philip and Nicolas:	Wait, wait, teacher.

Nicolas sits.

The teacher:	Get up, Philip and Nicolas, and walk.
Nicolas:	Look, teacher, I'm making a call.
The teacher:	Let the telephone and get up and walk, Nicolas.

B. *Nicolas walks and Philip runs.*

The teacher:	Run, all of you; one, two, three, four;
	one, two, three, four…
	Run, Nicolas, don't walk.
	Raise your hands. Let your hands down.
	Let your hands down, Nicolas.
	Don't raise your hands, Nicolas.
	Extend your fingers. Walk.
	One, two, three, four; one, two, three, four…

C. *Nicolas looks for the telephone.*

Nicolas:	Where is the telephone?
The teacher:	Quiet, Nicolas, and look for the telephone under the book.
	Philip and Nicolas, look for the telephone.
Nicolas and Philip:	But where is the telephone?
The teacher:	Quiet, Nikolas and Philip, and look hard.
	Look, Nicolas, look and look.

Chapter 6, Text 2
At the gym, II.

Alexander knocks on the door.

Alexander:	Open the door, please.
The teacher:	Open the door, Nicolas. Run and tell me who it is.
Nicolas:	It's Alexander, teacher.
	Good day, Alexander. One, two, three, four.
	Come in. One, two, three, four.
	Shut the door. One, two, three, four.
Alexander:	What is this, Nicolas?
Nicolas:	This? One, two, three, four.
Alexander:	Are you tired, Nicolas?
Nicolas:	Say again: "One, two, three, four";
	Say often: "one, two, three, four; one, two, three, four…"
The teacher:	Take your bag and leave, Nicolas.

Chapter 6, Text 3

The race in the pool.

The teacher:	Swim to the wall, Alexander, and turn back.
	Swim to the wall, Alexander and Philip, and turn back.
	And may the best one win.
Everyone:	One, two, one, two; swim, swim; one, two, on, two;
	quickly, swim quickly, Alexander.
	A-le-xan-der, A-le-xan-der, A-le-xan-der…
Alexander:	I'm first! I'm first!
The teacher:	Well done, Alexander. Give me your hand,
	and come up out of the pool.
Philip:	I'm second, I'm second…

Chapter 6, Text 4

I won't, I can't.

Ding-a-ling!

Mother:	Open the door, Philip.
Philip:	I don't want to walk; I don't want to listen.
Mother:	Philip, open the door.
Philip:	I can't open (it). Where's the key?

Ding-a-ling!

Mother:	Philip, look in the living room.
Philip:	I can't look in the living room, I can't see.
	Where are my glasses?
Mother:	Look on the table.
Philip:	I can't look on the table. Where are my glasses?

Ding-a-ling!

Mother:	Philip, look and look.
Philip:	I can't look, I don't want to walk, I don't want to run.

Ding-a-ling!

Mother:	Philip, leave the game, come up and open (the door).
Philip:	I can't leave the game. I can't come up.
Alexander:	Philip, it's Alexander, can I come in?
	Can't I give you a present?
Philip:	Alexander, I can come up, I can come and open (the door).
	Can I see the present?

Chapter 7, Text 1

Give me the book.

Christophe:	Hello. I'm Christophe.
	My name is Christophe.
	And you, what is your name?
	Who are you? Are you Stephen?
Nikanor:	I'm not Stephen. I'm Nicanor.
(*looking at*	My name is Nicanor.
the teacher)	
Christophe:	I am a teacher. And you, Nicanor?
	What are you?
Nicanor:	I am not a teacher. I'm a student.
Christophe:	And you, yes, you two speaking there,
	what are your names?
Nicolas:	What are our names? My name is Nicolas.
Alexander:	And my name is Alexander.
Christophe:	Alexander, how many books do you have?
Alexander:	Two, teacher.
Christophe:	Give me the large book. Thank you.
	I'm French. And you, Nicanor, where are you from?
Nicanor:	I'm not Greek, but from Spain.
	The Greek language is difficult.
Christophe:	Not at all! It's easy.
Nicanor:	But it's difficult for me.
Christophe:	What are you telling me? Quiet, Nicanor.
	The Greek language isn't difficult for you.
	I'm the teacher and you're the student.
	You are in school. You are learning.
	The Greek language is not difficult for you.

Nicanor:	Pardon, teacher.
	You are a teacher, but we are students,
	and the students are smart.
	The Greek language is difficult for us.

Chapter 7, Text 2

What is your name?

Alexander:	Hello. I am a student.
	And you, what is your name?
Nicanor:	What is our name? I am Nicanor. My name is Nikanor.
Philip:	And I am Philip. Our names are Nicanor and Philip.
	And you, what is your name?
Alexander:	My name is Alexander. Are you students?
Nikanor:	Yes, we are students. We are studying at school.

Bernike and Rhoda come.

Nicanor:	And they are Bernike and Rhoda.
Bernike and Rhoda:	Hello.
Alexander:	Hello.
Nicanor:	Bernike and Rhoda are students.
Rhoda:	But the Greek language is difficult.
Alexander:	Yes, difficult.
Nicanor and Philip:	Difficult, difficult.
Bernike:	Not at all. The Greek language is not difficult.
	You don't study much. You aren't smart.
	But I study a great deal.
Nicanor:	Quiet. You are a haughty student, and we are smart.
	And the Greek language is difficult.

Chapter 7, Text 3

How many children do you have?

Luke and Phoebe:	Martha, Timon, how are you? Hi.
	Sit, please.
Martha and Timon:	Hi, Luke and Phoebe. How are you?
Luke:	Well. But I work hard in school.
	The students are difficult.
Timon:	And I work hard at the bar.
Martha:	Quiet, Timon. We have three children;
	two sons and a daughter.
	Nicolas is the older and Titus the younger.
	Our daughter's name is Maria.
Timon:	But Nicolas drinks a great deal.
Martha:	Quiet, Timon.
	And you, how many children do you have?
Phoebe:	We have four children; a son, his name is Philip,
	and three daughters: Julia, Melissa and Salome.
Martha:	And who are Philip's teachers?
Phoebe:	A certain Christophe is the Greek language teacher.
Martha:	And Christophe is Nicolas's teacher.
	Both Nicolas and Philip are in the same school.
	Don't get up, Timon. Sit now.
Timon:	I'm tired.
Martha:	And what do you mean, Timon; Pardon.
	We are going.
	Goodbye.
Timon:	Goodbye.
Luke and Phoebe:	Goodbye.

Chapter 8, Text 1

At school.

Christophe:	Come here, Nicolas. Come to the board.
	Write your name in Greek.
	Look. Nicolas is writing his *name*.
	.....
	And now, Nicolas, close the door.
	It's cold.

The students talk among themselves.

Christophe:	Quiet. Don't speak.
	Listen to me.
	Nicolas, read your book.
	Read it.
Nicolas:	Where is my book?
Christophe:	Look for it.
	.....
	Philip, you come late.
	Look at the time.
Philip:	Pardon, teacher.
Christophe:	You always come late. Be quiet and sit.
Nicolas:	May I leave, teacher?
Christophe:	What are you telling me?
	What is this, Nicolas?
	Get up and leave.
Alexander:	Pardon, teacher. Is our lesson here?
Christophe:	Quiet. Listen to me. Come in. Not you, Nicolas.
	You leave.
	Not you, Alexander. You go back to your seat. Goodbye.
	I'm not your teacher. I hate you. I'm leaving.

Chapter 9, Text 1

Characters of the book.

This is Christophe.
Christophe is a teacher.
The student does not listen
And Christophe gets mad (lit. 'gets angry').

This is Alexander.
Alexander is a student.
He is wealthy and arrogant.

This is Boukephalos.
Boukephalos is not a human, but an animal.
Boukephalos is Alexander's horse.
And Boukephalos is arrogant.

This is Nestor.
Nestor is Alexander's valet.
Nestor loves order and hates the horse.

This is Rhoda.
Rhoda is a student of Christophe.
Rhoda worries a lot about her clothes and her hair.

This is Bernike.
Bernike is also a student of Christophe.
Bernike loves order and gets mad (lit. 'gets angry') a lot.

This is Philip.
Philip is also a student.
Philip is absent-minded.

This is Nicanor.
Nicanor is not absent-minded.
He mocks Philip.

This is Nicolas.
Nicolas is also a student.
Nicolas drinks and gets drunk,

and the police arrest him.
Nicolas is now in jail.

This is Martha.
Martha is Nicolas's mother.
She worries and worries
about Nicolas.

This is Timon.
Timon is Nicolas's father.
Timon is a café-owner.
Timon worries a lot about his house and his job.

Chapter 10, Text 1

What does Christophoros do?

Christophoros teaches at school.
The student doesn't listen and Christophoros gets mad.
Nicanor doesn't read the book and Christophoros gets mad.
Nicanor talks and Christophoros shouts.

Alexander is a student of Christophoros.
The clothes of Alexander are magnificent.
Even the schoolbag of Alexander is magnificent.
Alexander likes magnificent clothes.

Boukephalos hates Nestor and hates order.
Boukephalos loves Alexander.
Alexander is the master of Boukephalos
and Boukephalos is the servant of Alexander.
Boukephalos eats grass in the stable.

Nestor is not a student.
He is not in the school but in the house.
Nestor sweeps the house and cleans it.
The clothes of Nestor are not magnificent.
The hair of Nestor is not long.
The head of Nestor is bald.

Rhoda talks a lot both about clothes and hair.
Rhoda likes the mirror
and she worries a lot about (her) hair.
Rhoda is not bald
and Rhoda thanks the mirror.

Bernike gets mad at Rhoda.
Bernike doesn't talk to Rhoda.
Bernike loves school
but she hates Nicolas and Nicanor
Bernike does'nt like the mirror.
The clothes of Bernike are not magnificent.

Philip is absent-minded and sleeps in the school.
Philip doesn't read the book nor writes in the note-book.
Philip doesn't listen and Christophoros gets mad.

Nicanor laughs a lot at school and he laughs at the teacher.
Nicanor also laughs at Bernike.
Nobody laughs at Nicanor.
Bernike doesn't likes Nicanor.

Nicolas likes wine.
Timon visits Nicolas at jail.
Timon brings wine to Nicolas and Nicolas thanks his father.

Chapter 11, Text 1

A conversation of the deaf.

Alexander does not know how to speak with women students. Women students don't listen to him.

Alexander:	How are you, Rhoda. I have many houses.
Rhoda:	And I have many mirrors.
Alexander:	My horses are magnificent.
Rhoda:	And my necklaces are magnificent.
Alexander:	I love my horses and my magnificent houses.
Rhoda:	And I love my mirrors and my beautiful pearls.
	I know the cost of my mirrors and necklaces.

Alexander:	And I don't know the cost of my horses and houses.
	But Nestor knows.
Rhoda:	I always worry about my mirrors and necklaces.
Alexander:	But I only worry about my horses and houses.
	I talk to the horses and they listen to me.
	I talk to women students but they don't listen to me.
	But you, Rhoda, speak only to your mirrors.

Chapter 11, Text 2

Timon, Boukephalos and Alexander

1.   To the men sitting Timon gives glasses of wine

and to the women sitting, bottles of beer,

but to the children Timon gives water.

2.   The shepherd follows the sheep

and Alexander follows the women students.

3.   Alexander is rich among the wealthy,

Boukephalos is haughty among animals

and Greek is difficult among languages.

Chapter 12, Text 1

Day and night.
This is dawn, when the sun rises.
Alexander is waiting for Rhoda but Rhoda doesn't come.
This is morning and the sun shines but Rhoda doesn't come.
This is noon and the sun is in the middle of the sky but Rhoda doesn't come.
This is afternoon and the heat is high.
Alexander is waiting but Rhoda doesn't come.

This is evening when the sun sets and Nicolas comes.

Nicolas:	What are you doing, Alexander?
Alexander:	I sit and I wait.
Nicolas:	Who are you waiting for?
Alexander:	I am waiting for Rhoda. But take the flowers yourself and wait, please. I am leaving.
Nicolas:	When is Rhoda going to come?
Alexander:	Either in the evening, or at midnight, or at cockcrow, or before dawn. I know neither the hour, nor the day, nor the month, nor the year. Wait yourself, please. I am leaving.

Chapter 13, Text 1

About the Greek language.

The teacher:	Good day to you, Rhoda. Do you speak Greek?
Rhoda:	Yes, teacher, a great deal. But for the poor student the Greek language is difficult.
The teacher:	What do you mean, Rhoda? The student's mind is great. The students' mind is great. Do you study daily?
Rhoda:	Very much. But the Greek language teacher is difficult.
The teacher:	You have a hard head, Rhoda. Yes, I tell you, students; you have hard heads. Write in Greek, Rhoda.
Rhoda:	I don't want to today. Indeed, the Greek language is difficult, teacher.
The teacher:	One phrase comes out of your hard head. The same thing always comes out of all your heads.
Rhoda:	Our minds, teacher, are smart, but the Greek language is tough.

Chapter 13, Text 2

Tell me all the days of the week.

The teacher:	How many languages do you speak, Rhoda?
Rhoda:	I speak every language of every country;
	French, English, Arabic and Spanish languages.
	I speak these languages.
	Ask me, teacher, about the languages.
	These languages are easy,
	but Greek is difficult among all the languages of the world.
The teacher:	Speak a little in Greek, Rhoda.
	Say, then, all the days of the week.
	Do you know the names of the days?
Rhoda:	All the days of the week are not presently in my mind.
	I remember Saturday and Sunday.
The teacher:	You always take it easy Rhoda.
	You only know the end of the week.
Rhoda:	I speak Greek all the days of the week,
	and I give full attention to the teacher,
	and I speak many languages,
	and I am not arrogant but modest.

Chapter 14, Text 1

Behold I stand at the door and knock.

Philip walks in the street.
It is morning.
He goes toward Nicolas's house.
Now he stands at his door.
For Philip knocks, yet he says nothing.

Nicolas:	Who is it?
Philip:	I'm Philip and I'm knocking.
Nicolas:	What are you saying? With a loud voice,
	please, for I don't hear you.
Philip:	I'm saying that I'm Philip and I am knocking.
	Look, I'm standing at the door and knocking.
Nicolas:	I'm not here. I don't want to be here now.

	For I've gone away to a far off land.
Philip:	You, you're here, for you hear me.
Nicolas:	I don't know what you mean and if you are knocking,
	I don't hear.
	And now is not the time to knock.
Philip:	It's me, for I am your friend.
Nicolas:	The door is already locked and I am in bed.
	You are awake, but I am sleeping.

Immediately Alexander also comes.

Nicolas:	Who, then, is knocking out there?
Philip & Alexander:	We are knocking,
	Philip and Alexander.
Nicolas:	What do you mean? Who are you?
	With a loud voice, please, for I don't hear you.
Philip & Alexander:	We are saying that we are Philip and Alexander
	and we are knocking.
Nicolas:	I told you that I'm not here, and if you knock I don't hear it.
	And I don't wish to hear it now.
Philip & Alexander:	We are your friends,
	it's Philip and Alexander.
Nicolas:	But what do these guys mean?
	The door is already locked and I am in bed.
	You are awake, but I am sleeping.

Chapter 14, Text 2

Nicolas does not come to the race track.

Through the window Philip sees the street and notices Nestor.

Philip:	What are you doing, Nestor?
Nestor:	Don't you see that I am running?
Philip:	And where are you running now?
Nestor:	To Nicolas's house.
	Alexander is waiting for him at the race track,
	but Nicolas doesn't come.
Philip:	Wait for me, wait for me, Nestor.
	I'm coming with you.

Philip quickly goes down and out into the street. And the two together come to Nicolas's house. Philip and Nestor then stand at the door and knock.

Nestor & Philip:	Nicolas, open the door.
Nicolas:	Who are you? What do you want?
	What are you saying?
Nestor & Philip:	Open the door for us, please.
Nicolas:	I can't. It's late. I'm not here. Now is the time to sleep.
Nestor & Philip:	Nicolas, you are here and we are here.
	Come down quickly and open for us.
Nicolas:	The door is already locked. I can't open (it) for you.
Nestor & Philip:	Then throw the keys to us through the window.
	We open the door.
Nicolas:	I don't know where the keys are.
Nestor & Philip:	On your table. We see the keys from here.

Nicolas stretches out his hand and takes the keys and throws them through the window.

Nicolas:	Take the keys and open the door, I am sleeping.

Chapter 14, Text 3

Rhoda looks at herself in the mirror.

Bernike:	What are you doing, Rhoda?
Rhoda:	....
Bernike:	Are you looking at your face in the mirror, again, Rhoda?
Rhoda:	Quiet, Bernike. I'm looking at myself.
	I'm looking at my beautiful face.
	Why I'm like Aphrodite.
Bernike:	But what do you think?
	That you are beautiful among women?
Rhoda:	Don't get mad, Bernike.
	You don't want to look at yourself in the mirror,
	because your face is like the face of your grandmother
	and your hair is like her broom.
Bernike:	The young men neither look at you, Rhoda, nor like you.
Rhoda:	But all the students look at me,
	they all like me.

Alexander talks with me and waits for me all day
and I don't go to him.
For all the young men talk with me and wait for me,
but neither Alexander nor Philip talk with you.
I'm sailing to France and am staying there two days
and all the young men weep;
but you sail to a far off land,
and stay three months,
and neither Nicolas the drunk
nor Philip the absent-minded weeps.

Bernike: You know that I talk daily with Alexander and Philip.
But we don't follow you or like you.
For Philip says that Rhoda talks only of her clothes
and of her hair,
and thinks she's Aphrodite.

Rhoda: What are you saying about me? What do you think?
Why, then, do you hate me?
For everyone hates me.
And everyone badmouths me.

Chapter 15, Text 1

About a difficult horse.

Boukephalos is a difficult horse.
For Boukephalos is Alexander's horse.
He is beautiful and strong, but he is not easy.

For Boukephalos is a royal horse
and he does not want to listen to the valet Nestor.

When Boukephalos wants to enter the stable, he enters;
when he doesn't want to, he doesn't enter.

The valet cannot lead Boukephalos. Nestor brings him a gift,
but Boukephalos hates gifts.

For other horses are in the stable,
and Boukephalos doesn't like them.
Boukephalos has a hard head.

Chapter 15, Text 2

Hanukkah.

Antiochus is king in Syria and Judea.
For Antiochus is strong and evil
Antiochus: 'I am the king'.

But Antiochus only likes Greeks.
Therefore he sits on his beautiful horse
and comes and speaks to the Jews;

A certain priest: Here is our temple.
                                  Our God is one God and our law is holy.

Therefore, Antiochus and his soldiers knock on the priest's door.

Another priest (*in Hebrew*): Peace to you. You cannot enter into our temple.
Antiochus: Quiet. Speak Greek.
The priests: By no means, by no means!

Therefore, the Greek soldiers beat the Jews and overturn everything in the temple.

Antiochus: Quiet. Listen to me.
                                  I alone am the king.
                                  This is now my temple.

Mattathias stands up, an honored and good man. Mattathias has strong soldiers.
All approach Antiochus and the Greeks.

Mattathias: I am Mattathias. Leave our land.
The Greeks: By no means, by no means.

Therefore everyone fights. And the Jews beat and conquer the Greeks.

Mattathias: Now we are about to cleanse the temple.
                                  It is not in order here.

All, therefore, cleanse and clean the temple.

Mattathias: This day is the festival of Hanukkah.
                         Blessed are the people in Israel.

Chapter 15, Text 3

Philip has a headache.

Philip has a headache. For now he is in bed and very ill. Therefore his mother worries and calls a wealthy and wise doctor. The good doctor walks on a long road and comes to Philip's house and examines him and says to him:
'This illness is not unto death'.
Then he gives him efficient medicine. Therefore Philip takes the good medicine and has an immediate recovery (litt. "and immediatley he feels better"). And Philip was cured from that time.

Chapter 16, Text 1

The good shepherd.

Drawn from the Gospel of John (10:3-4, 7-9, 11-13, 16)

The door-keeper opens to the shepherd, and the sheep hear his voice
and he calls his own sheep by name and leads them.

He goes before them, and the sheep follow him,
for they know his voice.

Truly, truly I say to you:
I am the door of the sheep.
All who came before me
are thieves and robbers,
but the sheep did not hear them.
I am the door.

The good shepherd lays down his life
for the sheep.
The hired hand sees the wolf coming
and leaves the sheep and flees.

And the wolf snatches and scatters them,
for he is a hired hand and does not care for the sheep.
And I have other sheep, which are not of this sheep-pen.

Chapter 16, Text 2

Let him swim across the river.

Walking beside the river Nicanor sees Nestor and Nicolas on the opposite bank.

Nicanor: Hey baldy, what has happened to your head?
Nestor: What do you mean?
Nicanor: Hey baldy of baldies. You head shines like the sun.
                    And you, Nicolas, drunkard,
                    from here I smell the odor of wine.

A little later he hears the telephone.

Philip: Hello, Nicanor. Do you hear me?
                    Nestor says that he is now about to swim across the river
                    to thrash you.
Nicanor: Let him come, let him run... Let him swim across and
                    thrash me,
                    if he dares.
                    For I'm not afraid, I'm not trembling, I'm not frightened.
Philip: But Nicolas is also very angry,
                    for he is also about to come...
                    He is very strong and has a stick.
Nicanor: Let the two come here, let them swim across the river.
                    Let them take the stick and stretch out their hands on me.
                    Here I wait neither trembling nor fearing.

Then Nestor and Nicolas changes their clothes and go into the river. Seeing
them swimming across the river, Nicanor flees. Then Nestor and Nicolas come
up out of the water.

Nestor: Just let that scorner open his mouth,
                    let him say a word,
                    and I will cut out his tongue.

Chapter 17, Text 1

About Boukephalos and Nestor

In Boukephalos' head are bad eyes. Therefore, with his eyes Boukephalos looks at the valet. The valet says to Boukephalos, 'Boukephalos, come to the stable'. The prudent Boukephalos answers nothing but considers this:

> Who is this servant? He's mad.
> What does he want? I am a free horse.
> I don't want to sleep with the rest of the horses.
> I hate the rest of the horses.

But the valet insists:

> Boukephalos, I ask you, come to the stable. For it's late.
> No word enters your haughty heart.

But Boukephalos shudders and pulls his rope and flees away.

The poor valet, therefore, runs into the bumpy road and shouts after the horse:

> Boukephalos! Boukephalos!

Chapter 18, text 1
Knocking at the door (litt. "The door is knocked").

People knock at the door in the quiet of the morning and the voices of Philip and Alexander are heard. But Nicolas doesn't get out of bed. Therefore, Martha, the mother of Nicolas, comes towards her son.

M.   –Who is it (litt. : 'who are they'], Nicolas ?

N.   –May be dogs or horses, Mum. I don't know and I don't want to answer them.

M.   –What are you saying, Nicolas ? Human voices are heard (litt. : 'happen'). Please, put on your gown and get downstairs. One always opens to the one who knocks, Nicolas.

N.   –If they are men, they are mad.

M.   –You are mad, Nicolas.

N.   –I am not mad, Mum.

M.   –Yes, you are. Everyday you drink and get drunk. And now you don't answer nor open. Quick go downstairs. Your friends come from far away.

So Nicolas dresses and goes downstairs to open to his friends.

N.   –Why are you coming at this hour of the night, Philander and Alexippos? You don't reply anything ? So you are mad.

Ph.   –Don't you smell the wine, Alexander? Can you smell his scent ?

A.   –Quiet, Philip. We are not mad, Nicolas. You do not stop drinking and then, you don't recognize us anymore.

Ph.   –Do you wish to know why we came to you? You forget everything. It was you, yesterday, who invited us and this is why we come to you.

N.   –I do insist, Hippalexos and Androphilos, it is very late. Look at the hour!

A.   –It is not night time: it is morning, Nicolas. You are drunk again, you get angry and mad. Bye. We are leaving.

Chapter 19, text 1

Nicolas is thirsty

Nicolas walks in the street. Temperature is high and Nicolas is thirsty. He then sees a pub in front of him and decides to enter. Therefore he opens the door and calls the waiter and talks with him :

Nicolas   -Hello. It is very hot today (lit. 'there is a big heat for us today').

Waiter   -Yes, it is really hot. If weather doesn't change ('if it doesn't get colder'), I will go to Siberia.

Nicolas   -Do you have here wine or beer?

Waiter   -Here, we sell, we do not give anything.

Nicolas   -Please, give me a bottle of wine, it is very hot.

Waiter   -But you never pay.

Nicolas   -Yes I do, whatever I drink, I will pay for it.
            Bring me some wine, please.

Waiter   -But this is impossible.
            I always bring you wine,
            and then you get drunk and you tear up
            and break everything in the coffee shop.

Nicolas   -No, no, today I will not tear up or break anything in the coffee shop.
            I swear you. Let him come, the coffee owner, and I will swear again.
            Let the policemen arrest all those who do not pay.
            Let them go to jail, all those who do not pay.

Waiter   -All right, but only a bottle. Do not break anything, please.

Nicolas   -Thank you, thank you. You are a true friend.

The waiter goes and, after a while, brings him a bottle of wine. The eyes of Nicolas shine when he sees the wine. He thinks he is seeing a treasure.

Chapter 19, text 2

I will pay everything

So Nicolas drinks a bottle of wine, and another one and gets drunk and he doesn't remember the hour nor the place nor his own name. The waiter comes then and asks him the money.

Waiter	-Please, Nicolas, pay. You owe [me] two deniers.
Nicolas	-Who are you ? What do you say ? Do I know you ?
Waiter	-I don't have a lot of time. You pay ! Give me the money immediately.
Nicolas	-Not at all. I don't want to give you any money. Here, people don't come to beg. Go away, flee. Run in the street. Walk in the square. Sit beside the gate of a church, and beg there, please.
Waiter	-You owe me two deniers. You never pay, you drunkard.
Nicolas	-Listen to me, you beggar : get out and stop bothering me. Today I do not feel like laughing. It is not time to laugh.
Waiter	-You are mad and you got drunk, Nicolas. I have no patience towards you. Give me the money.
Nicolas	-Cursed be the man, get out from my house. I don't know you.
Waiter	-You ugly drunkard, I will slap you now. Give me the money.
Nicolas	-What are you saying, you dirty beggar?

Then, he takes a bottle of wine and throws it upon the waiter. The bar owner arrives then and Nicolas throws another bottle of wine upon him and upturns the table and the chairs. All the clients [lit. the people sitting] get up then and come to Nicolas in order to catch him. But he scatters all the bottles and the cups of coffee and flees from there. The policemen who patrol around the city see him then, pursue him and arrest him. Then they throw him into jail.

Chapter 20, text 1

Where is Boukephalos ?

Philip and Bernikè are standing beside the house of Alexander, shouting.

Philip :   Shout, Bernikè. They do not hear us [litt. We are not heard]. Shout loudly.
Bernikè :   I for a one am heard. You instead are not heard. You do not know how to shout [lit. You do not shout well].
Philip :   A-LE-XAN-DER, A-LE-XAN-DER...
Alexander: You are seen, you are heard, don't shout please. I am not deaf. What happens?
Bernikè: Boukephalos has run away. He is not seen any more in the garden or in the stable. All the rest of the horses are being led back to the stable, but Boukephalos, nobody has seen him.
Philip: It is said that a thief came at night and took him in order to kill him.
Bernikè: An amazing rumor is heard. They say that the ghost of Boukephalos is seen at night in the streets of the city.
Alexander: This is something hard to be heard : your Boukephalos doesn't live anymore.
Suddenly, there is a whinnying inside, behind Alexander.
Alexander: Boukephalos, come here. Listen to what is said about you. Everybody is crying upon you as upon a dead horse (lit. : You are lamented upon by everyone as a dead horse.)

Chapter 20, text 2

I am loved and I am hated

Alexander and Nicolas walk and talk to each other in the school yard.

Nicolas   –I have a problem [lit.: 'I am in trouble'], Alexander. I am taken from both side and I don't manage to see which way to take [lit. 'and I don't see well what to choose'].
Alexander   –What is the problem?
Nicolas   –I am hated by Rhoda and loved by Bernikè.
Alexander   –What are you saying, Nicolas ? That you are loved by Bernikè ?
Nicolas   –It is a serious problem ; I am constantly looked, observed and followed. She doesn't leave me.

| Alexander | –How strange ! I don't believe it is like that. You are the only one at school who is not hated by her. And how do you know that you are loved? |
| Nicolas | –She has my picture in her bag. Everyday the picture is kissed by Bernikè... |

Alexander leaves him et goes towards Philip

Alexander	–Nicolas is loved, Philip, and hated.
Philip	–He is lucky, Alexander. And by whom is he loved?
Alexander	–It is surprising. By Bernikè.
Philip	-....
Alexander	–He is constantly looked at, observed and followed by her.
Philip	-....
Alexander	-Even more : his picture is kissed...
Philip	–She doesn't feel his smell?
Alexander	-... but he is hated by Rhoda. So they have a serious problem, Nicolas, Bernikè and Rhoda.
Philip	–Why aren't we looked at nor observed nor followed by no [girl]?
Alexander	–You are hated and you are neither followed not loved because you do not know how to talk to girls. One mustn't feel embarrassed in front of girls.
Philip	–It is unavoidable to be both loved and hated : but some would like to be hated and they are loved and others would like to be loved and they are hated.

A word about the Polis Institute

This textbook is based on the experience acquired by the author as a Greek instructor at the Polis Institute in Jerusalem (www.polisjerusalem.org). The Polis Institute believes that the key to our heritage is considering and learning ancient languages as living ones, as the Humanists of the Renaissance did. Polis developed its own teaching method, which applies the most recent pedagogical techniques of language acquisition to the so-called dead languages. Thus, from day one, only the target language is used in class. Every year hundreds of students around the world learn to speak ancient languages in courses organized by the Institute in Jerusalem, Florida, Rome, Barcelona, Rabat or Lima.

Since September 2013, Polis is offering a Master's program in Ancient Philology at its headquarters in Jerusalem. This international program provides the students with a solid knowledge of Biblical Hebrew and Koine Greek. It also equips them with analytical tools such as linguistics, philology, history and paleography to interpret ancient texts.

In addition, Polis organizes yearly international conferences on important topics in the field of Humanities. The scope of these conferences is interdisciplinary. Scholars from various disciplines are invited to share their expertise with colleagues from all around the world. The last conference was devoted to the discovery of the Alphabet, and the proceedings will soon be published by Cambridge Scholars Publishing. The next international conference will be devoted to the Library of Alexandria (2015).

CPSIA information can be obtained at www.ICGtesting.com
Printed in the USA
BVOW09s0015071115

425647BV00004B/12/P

9 789657 698013